ALGÉRIE

Exposition Universelle de 1900

NOTICE

SUR LES

SOURCES THERMALES ET MINÉRALES DE L'ALGÉRIE

PAR

LE SERVICE DES MINES

ALGER-MUSTAPHA
[G]IRALT, IMPRIMEUR-PHOTOGRAVEUR
17, Rue des Colons, 17

1900

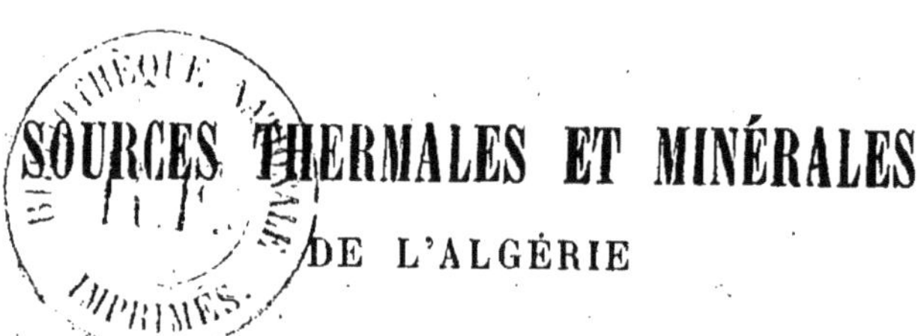

SOURCES THERMALES ET MINÉRALES DE L'ALGÉRIE

ALGÉRIE

NOTICE

SUR LES

SOURCES THERMALES ET MINÉRALES

DE L'ALGÉRIE

PAR

LE SERVICE DES MINES

ALGER-MUSTAPHA
GIRALT, IMPRIMEUR-PHOTOGRAVEUR
17, Rue des Colons, 17

1900

SOURCES THERMALES ET MINÉRALES

DE L'ALGÉRIE

La présente notice a pour objet de donner sous une forme aussi succincte que possible les principaux renseignements réunis au sujet des eaux thermales et minérales de l'Algérie. On a adopté pour cela la forme de tableau en indiquant à côté de la désignation de chaque source sa situation géographique, et, autant que les documents l'ont permis, sa situation géologique, sa température, son débit, l'analyse de ses eaux et leurs usages. Les tableaux comprennent les sources thermales ou minérales connues actuellement, en excluant toutefois les sources froides salées où le chlorure de sodium entre en quantité si considérable qu'elles sont exploitées ou exploitables comme salines, genre d'utilisation tout spécial régi par des lois et règlements spéciaux aussi.

Il a été dressé trois tableaux, un pour chaque département ou province, ordonnés en allant de l'Ouest à l'Est, savoir : le 1er pour Oran, le 2e pour Alger et le 3e pour Constantine. Dans chaque tableau les eaux ont été classées par espèces et variétés, conformément aux usages adoptés, et pour chaque variété les sources ont été classées suivant l'ordre obtenu en allant de l'Ouest à l'Est.

TABLEAU I

ORAN

NUMÉROS D'ORDRE	NOMS DES SOURCES	SITUATION GÉOGRAPHIQUE	SITUATION GÉOLOGIQUE	TEMPÉRATURE	DÉBIT A LA SECONDE	ANALYSE NOM DE L'AUTEUR	ANALYSE DÉTAIL		OBSERVATIONS
					Litres				
					I. — EAUX	**ALCALINES**			
					VARIÉTÉ	BICARBONATÉE SODIQUE			
1	Sources de Hammam-bou-Hadjar (nombreux points d'émergence) :	A 50 kilom. S.-O. d'Oran, commune de Hammam-bou-Hadjar.	Atterrissement quaternaire récent						L'exploitation de ces sources au point de vue médical est concédée pour 99 ans.
	1° Source chaude ou du Palmier.	Id.	Id.	75°	3l50	Delzenne et Pichard.	Bicarbonate de chaux........ — de magnésie..... — de soude........ — de fer........... Sulfate de chaux............ Chlorure de calcium .... — de magnésium ..... — de sodium.......... Silice .... TOTAL au litre...	1.070 0.052 1.075 0.120 0.102 0.161 0.170 2.070 0.070 4 890	Ferrugineuse. Dégage l'acide carbonique. Dépose du travertin.
	2° Source n° 8.	Id.	Id.	22°	0l50	Id.	Bicarbonate de chaux........ — de magnésie.. .. — de soude......... — de fer........... Sulfate de chaux............. Chlorure de calcium .... — de magnésium ..... — de sodium .... Silice .. .. TOTAL au litre...	1.218 1.045 1.390 0.132 0.105 0.341 0.162 2.215 0.075 5.683	Ferrugineuse. Dépose du travertin ocreux.
	3° Source de la Tranchée.	Id.	Id.	56°	0l25	Id.	Bicarbonate de chaux........ — de magnésie..... — de soude .... — de fer.. .... Sulfate de chaux............. Chlorure de calcium .... — de magnésium ..... — de sodium.... ..... Silice .... TOTAL au litre...	0.518 0.030 0.515 0.120 0.102 0.316 0.177 2.013 0.070 3.857	
	4° Hammam-Sidi-Aït.	A 2 kilom. S.-O. des précédentes.	Id.	58°	0l15	»	Analyse non faite. Composition analague au précédentes.		Ferrugineuse. Dégage de l'acide carbonique. Dépose du travertin,

NUMÉROS D'ORDRE	NOMS DES SOURCES	SITUATION GÉOGRAPHIQUE	SITUATION GÉOLOGIQUE	TEMPÉRATURE	DÉBIT A LA SECONDE	ANALYSE NOM DE L'AUTEUR	ANALYSE DÉTAIL	OBSERVATIONS
					Litres			
						II. — EAUX SULFUREUSES		
						VARIÉTÉ SODIQUE		
1	Aïn-Nouissy.	A 11 kilom. Sud de Mostaganem, commune d'Aïn-Nouissy.	Pliocène.	18°5	0l 20	Pichard.	Hydrogène sulfuré .... 0.004 Carbonate de chaux .... 0.322 Sulfate de chaux .... 0.016 Chlorure de calcium .... 0.266 — de magnésium .... 0.360 — de sodium .... 17.136 Carbonate de magnésie .... » — de soude .... 0.360 Silice .... 0.040 Fer .... traces TOTAL au litre... 18.504	Dans une autre opération, on a déterminé spécialement l'HS ; on a trouvé au litre 0 gr. 00973. Cette source est fortement chlorurée sodique. Captée ; un petit bâtiment avec quelques baignoires.
2	Aïn-Mentil.	A 20 kilom. Ouest d'Ammi-Moussa, commune mixte d'Ammi-Moussa.	Crétacé inférieur.	2 »	0l 10	Baills.	Hydrogène sulfuré .... 0.025 Chlorure de sodium .... 54.100 Sulfate de chaux .... 3.000 — de magnésie .... 0.840 — d'allumine .... 0.320 — alcalin .... 0.460 Carbonates de CaO et de MgO. 0.480 Carbonate de soude .... 0.050 Silice .... 0.030 Fer .... traces TOTAL au litre... 59.305	Source très fortement chlorurée sodique. Très fréquentée par les indigènes.
						III. — EAUX FERRUGINEUSES		
						VARIÉTÉ CARBONATÉE		
1	Aïn-Merdja.	Commune mixte de Remchi ; à 5 kilom. S. de l'embouchure de la Tafna.	Basalte post-helvétien (roche émissaire).	23°	1l	Tingry.	Carbonate de chaux .... 0.097 — de magnésie .... 0.039 Sulfate de chaux .... 0.092 Chlorure de magnésium .... 0.116 — de sodium .... 0.395 Silice .... 0.017 Fer, alumine .... 0.035 TOTAL au litre... 0.791	

NUMÉROS D'ORDRE	NOMS DES SOURCES	SITUATION GÉOGRAPHIQUE	SITUATION GÉOLOGIQUE	TEMPÉRATURE	DÉBIT A LA SECONDE	ANALYSE: NOM DE L'AUTEUR	ANALYSE: DÉTAIL		OBSERVATIONS
					Litres				
2	Ain-el-Hammam.	Commune mixte de Sebdou ; à 6 kilom. N. de Sebdou.	Jurassique supra-corallien.	26°	18ˡ	Tingry.	Carbonate de chaux......... — de magnésie....... Sulfate de chaux... .... Chlorure de sodium......... Fer et alumine............. Silice.......... .... TOTAL au litre...	0.624 0.100 0.116 0.166 0.093 0.012 1.111	Dépose du travertin.
3	Hammam-el-Hout.	Commune de Tlemcen ; à 5 kilom. N. de Tlemcen.	Jurassique supra-corallien.	30°	25ˡ	Tingry.	Carbonate de chaux .... — de magnésie....... Sulfate de chaux .... — de magnésie......... Chlorure de sodium.......... Fer et alumine.............. Silice .... TOTAL au litre...	0.099 0.098 0.082 0.032 0.085 0.008 0.003 0.407	Fréquentée par les indigènes. Dépose un peu de travertin.
4	Ain-Madagre.	A 26 kilom. O. de Bou Sfer, commune de *Bou-Tlélis*.	Jurassique.	35°5	1ˡ	*Tingry.*	Carbonate de chaux......... — de magnésie...... Sulfate de chaux............ — de magnésie......... — *de soude*............ Chlorure de sodium......... Silice .... Fer et alumine.......... ... TOTAL au litre...	0.095 0.087 0.605 0.100 *0.068* 1.290 0.015 0.018 2.278	*Dépose du travertin.*
					IV. — EAUX	**ARSÉNICALES** *Néant*			
					V. — EAUX 1° VARIÉTÉ	**SALINES** CHLORURÉE SODIQUE			
1	Hammam Sidi-Cheikh. (Deux points d'émergence).	Commune mixte de *Lalla-Marnia* ; à 4 kil. Nord de Marnia.	Miocène cartennien.	*33°*	*30ˡ*	Tingry.	Carbonate de chaux......... Sulfate de chaux............ Chlorure de sodium......... — de magnésium..... Fer et alumine.............. Silice .... TOTAL au litre...	0.032 0.495 1.913 0.770 traces 0.017 3.227	Dépose du travertin. La petite source se déverse dans une piscine maçonnée. La plus grande fait tourner un moulin.

NUMÉROS D'ORDRE	NOMS DES SOURCES	SITUATION GÉOGRAPHIQUE	SITUATION GÉOLOGIQUE	TEMPÉRATURE	DÉBIT A LA SECONDE	ANALYSE NOM DE L'AUTEUR	ANALYSE DÉTAIL		OBSERVATIONS
					Litres				
2	Hammam-Sidi bel-Kheir.	Commune mixte de Lalla-Marnia ; à 10 kil. Est de Marnia.	Miocène, au contact du cartennien et de l'helvétien.	36°	7l	Baills.	Chlorure de sodium......... — de magnésium..... Carbonate de soude......... — CaO et MgO......... Sulfate de chaux............ — de magnésie........ Silice .... Matières organiques........ TOTAL au litre...	0.850 0.150 0.070 0.080 0.065 0.025 0 030 0.020 1.290	Dépose du travertin. Petit bassin servant de piscine. Employée en irrigation.
3	Bains-de-la-Reine.	A 3 kilom. N.-O. d'Oran, commune d'Oran.	Schistes infra-jurassiques.	55°	5l	Pichard.	Chlorure de sodium......... Bromure de sodium......... Chlorure de potassium....... — de magnésium..... — de fer............. Carbonate de chaux......... Sulfate de chaux............ — de magnésie........ Silice........................ TOTAL au litre...	7.223 0.083 0.034 1.247 0.036 0.405 0.510 0.600 0.085 10.223	Bromurée. Etablissement thermal assez fréquenté.
4	Source St-Leu.	A 3 kilom. de Port aux Poules.	Miocène (helvétien).	30°	0l6	Dr Pouchet.	Silice........................ Carbonate de chaux......... Sulfate de chaux .... — de magnésie....... Fer et alumine.............. Chlorure de sodium......... TOTAL au litre...	0.120 2.812 0.053 2.871 0.080 9.750 15.686	Source artésienne obtenue en forant un puits en vue de rechercher le pétrole. Installation rudimentaire.
5	Hammam-Ould-Khaled, dite : Grandes Eaux chaudes de Saïda.	Commune mixte de Saïda ; à 12 kilom. N.-N.-E. de Saïda.	Oxfordien.	45°	8l	Bailloud.	Carbonate de chaux......... Sulfate de chaux............ — de magnésie......... — alcalin.............. Chlorure de sodium......... TOTAL...	0.070 0.560 0.135 0.084 0.606 1.455	Très renommée chez les Indigènes. Une piscine.

NUMÉROS D'ORDRE	NOMS DES SOURCES	SITUATION GÉOGRAPHIQUE	SITUATION GÉOLOGIQUE	TEMPÉRATURE	DÉBIT À LA SECONDE	ANALYSE NOM DE L'AUTEUR	ANALYSE DÉTAIL	OBSERVATIONS
					Litres			
6	Hammam-Sidi-Mahi-Eddin.	A 39 kilom. E. de Mostaganem, commune mixte de l'Hillil	Miocène (helvétien).	66°	1l	Tingry.	Carbonate de chaux.......... 0.068 — de magnésie........ 0.008 Sulfate de chaux.......... 0.094 Chlorure de sodium.......... 0.444 Silice .... 0.004 Fer et alumine.. .... 0.010 TOTAL au litre... 0.618	Fréquentée par les indigènes.
					2° VARIÉTÉ	CARBONATÉE CALCIQUE		
7	Aïn-Sidi-Abdelli.	Commune mixte de Remchi ; à 25 kilom. N.-N.-E. de Tlemcen.	Miocène (helvétien).	38°	40l	Tingry.	Carbonate de chaux......... 0.189 — de magnésie...... 0.084 Sulfate de chaux............. 0.047 — de magnésie......... 0.034 Chlorure de sodium......... 0.099 Fer et alumine............. 0.011 Silice .... 0.002 TOTAL au litre... 0.466	Dépose du travertin.
8	Hammam-bou-Hanifia.	Commune mixte de Mascara ; à 20 kilom. S.-O. de Mascara.	Crétacé (aptien).	58°	8l	Ville.	Carbonate de chaux......... 1.29 — de magnésie....... 0.09 Chlorures .... 0.05 Sulfate de chaux............ 0.03 — de magnésie .... 0.04 Silice .... 0.04 Fer......................... traces Pertes .... 0.02 TOTAL au litre... 1.56	Etablissement thermal bâti par le Génie. Dépose du travertin.
					VI. — EAUX	**GAZEUSES**		
					VARIÉTÉ	SIMPLE		
1	Hammam-Sidi-Ali ben Youb	Commune de Chanzy ; à 20 kilom. S.-O. de Sidi-bel-Abbès.	Atterrissement ancien quaternaire	24°	220l	Bailloud.	Bicarbonates alcalins........ 0.047 Acide carbonique libre ..... 0.117 Sulfates alcalins........... 0.078 Carbonates de CaO et de MgO 0.160 Chlorure de sodium......... 0.095 Silice .... 0.005 TOTAL au litre... 0.502	Employée en irrigations.

NUMÉROS D'ORDRE	NOMS DES SOURCES	SITUATION		TEMPÉRATURE	DÉBIT À LA SECONDE	ANALYSE		OBSERVATIONS
		GÉOGRAPHIQUE	GÉOLOGIQUE			NOM DE L'AUTEUR	DÉTAIL	
					Litres			
1	Hammam-bou-R'ara	Commune mixte de Lala-Marnia ; à 12 kil. N.-E. de Marnia.	Miocène (helvétien).	48°	12¹	Baills.	Chlorure de sodium......... 0.090 — de magnésium..... 0.010 Carbonate de soude........ 0.080 Carbonates de CaO et de MgO. 0.040 Sulfate de chaux........... 0.045 Silice .... 0.675 Matières organiques......... 0.000 TOTAL... 0.400	Petit établissement thermal à l'usage des indigènes, bâti par le Génie. Employée en outre à l'irrigation.
2	Aïn-Ouarka.	Cercle d'Aïn-Sefra.	Crétacé inférieur.	48°	Abondant	»	Non analysée	Fréquenté par les indigènes.

TABLEAU II

ALGER

I. — EAUX ALCALINES

VARIÉTÉ BICARBONATÉE SODIQUE

NUMÉROS D'ORDRE	NOMS DES SOURCES	SITUATION GÉOGRAPHIQUE	SITUATION GÉOLOGIQUE	TEMPÉRATURE	DÉBIT A LA SECONDE (Litres)	ANALYSE NOM DE L'AUTEUR	ANALYSE DÉTAIL		OBSERVATIONS
1.	Source acidule et ferrugineuse d'El-Affroun.	A 1 kilom. 5 Ouest d'El-Affroun, commune d'El-Affroun.	Alluvions récentes	Froide	0l 001	De Marigny.	Soude Chaux Magnésie Oxyde de fer Acide chlorhydrique — sulfurique — carbonique (neutre) — silicique	0.4420 0.5543 0.1715 0.0200 0.2582 0.0735 0.7283 0.1060 2.3438	Employée localement en boisson.
2	Aïn-Messala.	A Mouzaïaville propriété Gamerre.	Emerge du terrain quaternaire, en relation avec un pointement éruptif souterrain.	17°5	Non évalué	Dugast.	Acide carbonique libre Bicarbonate de chaux — magnésie — soude — potasse Sulfate de magnésie Chlorure de sodium — de magnésie Silice	1.260 0.918 0.327 0.134 0.018 0.091 0.042 0.045 0.020 2.855	Source découverte récemment en creusant un puits. Dégagement abondant d'acide carbonique.
3	Sources alcalines, gazeuses et ferrugineuses de l'Oued-Edjelata, près Ben Haroum : A. Groupe gazeux.	A 11 kilom. S.-O. de Dra-el-Mizan, commune mixte de Palestro.	Emergent au contact de l'helvétien et du sénonien.	de 14° à 17°	0l 065	Tingry.	Acide carbonique libre en excès sur les carbonates neutres Acide carbonique combiné — chlorhydrique — sulfurique Silice Chaux Magnésie Soude Protoxyde de fer Peroxyde de fer et alumine	2.063 0.883 0,676 0.625 0.043 1.080 0.325 0.735 0.011 0,029	Amodiées pour une période de 18 ans : sont utilisées en boisson.

NUMÉROS D'ORDRE	NOMS DES SOURCES	SITUATION GÉOGRAPHIQUE	SITUATION GÉOLOGIQUE	TEMPÉRATURE	DÉBIT A LA SECONDE	ANALYSE NOM DE L'AUTEUR	ANALYSE DÉTAIL	OBSERVATIONS
					Litres			
	B. Groupe ferrugineux.			13°5	0l 044	Tingry.	Acide carbonique libre en excès sur les carbonates neutres .... 0.097 Acide carbonique combiné... 0 445 — chlorhydrique........ 0.385 — sulfurique............ 0.295 Silice .... 0 017 Chaux.................... 0.480 Magnésie................. 0.168 Soude.................... 0.394 Protoxyde de fer......... 0.045 Peroxyde de fer et alumine.. 0.050	
				II. — EAUX SULFURE SES				
				1° VARIÉTÉ SODIQUE				
1	Sources thermales sulfureuses de Hammam-el Hamé.	A 6 kilom. E.-N.-E du Bordj des Beni-Hindel, commune mixte de l'Ouarsenis.	Terrain cénomanien.	42°	4l 50	Tingry.	Acide chlorhydrique........ 1.098 — sulfurique........... 0.434 — carbonique.......... 0.204 — silicique............ 0.017 — sulfhydrique (libre)... fortes traces Peroxyde de fer............ 0.022 Chaux...................... 0.246 Magnésie................... 0.429 Soude...................... 0.453 2.900	Employée en bains par les indigènes dans une petite piscine.
2	Source sulfureuse froide d'Aïn-Kébrita.	A 22 kilom. O. 18° S. de Téniet-el Hâad, commune mixte de Téniet-el-Hâad.	Id.	21°	4l	Tingry.	Soude..................... 0.19173 Chaux..................... 1.02347 Magnésie.................. 0.55318 Fer et alumine............ 0.01450 Acide chlorhydrique....... 0.27445 — sulfurique......... 1.91080 — carbonique combiné. 0.36090 — sulfhydrique libre... 0.00716 — sulfhydrique combiné 0.01830 — phosphorique .... traces légères — silicique........... 0.00850 4.35299	Sert à l'irrigation.

NUMÉROS D'ORDRE	NOMS DES SOURCES	SITUATION		TEMPÉRATURE	DÉBIT À LA SECONDE	ANALYSE		OBSERVATIONS
		GÉOGRAPHIQUE	GÉOLOGIQUE			NOM DE L'AUTEUR	DÉTAIL	
					Litres			
3	Source sulfureuse froide de l'Oued-Kefsaa.	A 17 kilom. O.-S.-O. de Téniet-el-Haâd, commune mixte de Téniet-el-Hâad.	Terrain cénomanien.	20°	5[l]	Tingry.	Soude .... 0.35328 Chaux .... 0.65760 Magnésie .... 0.19644 Fer et alumine .... 0.01500 Acide chlorhydrique .... 0.47784 — sulfurique .... 0.92888 — carbonique combiné. 0.21882 — sulfhydrique libre... 0.00790 — sulfhydrique combiné 0.05018 — nitrique .... traces — silicique 0.01200 2.91794	Sert à l'irrigation.
4	Ain-el-Hammam.	5 kilom. N. un peu O. du ksar Zerguin, commune indigène de Boghar.	Id.	42°	»	Vatonne.	Soude .... 1.627 Chaux .... 0.686 Magnésie .... 0.131 Acide chlorhydrique .... 1.940 — sulfurique .... 1.017 — phosphorique .... 0.003 — carbonique .... 0.087 — silicique .... 0.042 — sulfhydrique .... constaté à la source 5.533	Coule dans une grotte souterraine et se perd dans la montagne.
5	Sources thermales sulfureuses de Berrouaghia.	A 3 kilom. N.-E. de Berrouaghia, commune mixte de Ben-Chicao.	Terrain néocomien	41°	1[l]	De Marigny.	A Acide carbonique libre .... indéterm. — sulfhydrique .... constaté à la source Chlorure de sodium .... 0.518 Sulfate de soude .... 0.089 Phosphates .... traces Carbonate de soude .... 0.454 — de chaux .... 0.105 — de magnésie .... 0.068 Silice .... 0.005 Oxyde de fer .... 0.005 Matières organiques .... indéterm. 1.224	A. — Eau puisée le 7 décembre 1855.

NUMÉROS D'ORDRE	NOMS DES SOURCES	SITUATION GÉOGRAPHIQUE	SITUATION GÉOLOGIQUE	TEMPÉRATURE	DÉBIT À LA SECONDE	ANALYSE — NOM DE L'AUTEUR	ANALYSE — DÉTAIL	OBSERVATIONS
					Litres		B	
5 bis	Sources thermales sulfureuses de Berrouaghia.	A 3 kilom. N.-E. de Berrouaghia commune mixte de Ben-Chicao.	Terrain néocomien	41°	1	Tingry.	Acide carbonique libre...... 0.008 — sulfhydrique .... 0.0012 Chlorure de sodium......... 0.527 Sulfate de soude............ 0.089 Nitrates..................... traces très faibles Carbonate de soude......... 0.389 — de chaux........ 0.114 — de magnésie..... 0.060 Silice........................ 0.005 Oxyde de fer et alumine. .. 0.005 Matières organiques........ 0.005 1.194	B. — Eau puisée le 3 janvier 1883. Utilisées en bains par les indigènes. Demandées en location.
							2° VARIÉTÉ CALCIQUE	
6	Ain-el-*Hamed*, dans la forêt des Ouled-Anteur.	15 kil. O. de Boghar	Terrain miocène (cartennien)	16°	0l 17	Jaillard.	Azote .... 12 c. c. Acide sulfhydrique libre. . 17 — carbonique libre.... 122 Carbonate de chaux.......... 0g 302 — de magnésie...... 0.107 Sulfate de chaux............ 0.184 — de soude.......... 0.023 Chlorure de sodium......... 0.324 Sulfure de calcium.......... 0.035 Silice .... 0.015 Fer .... traces Matières organiques......... 0.038 1.028	
7	Sources sulfureuses de l'Oued-Okris, dans la forêt du Kseana. 1° Hammam Djerob. 2° — Mzara. 3° — Chin. 4° — El-Halfa.	22 kil. N.-E. d'Aumale, commune mixte d'Ain-Bessem.	Terrain sénonien	 47°4 61°5 44° 64°	 1l 4 0l 8 1l 0 »	»	Acide sulfurique. 0.988 — carbonique 1.434 Chlore.......... 0.300 hydrogène Chaux........... 1.241 Magnésie........ 0.201 sulf. à 0.166 Sodium.......... 0.335 Potassium....... 0.132 Perte............ 0.025 Résidu sec.. 4.656	Utilisées pour bains par les indigènes.

NUMÉROS D'ORDRE	NOMS DES SOURCES	SITUATION GÉOGRAPHIQUE	SITUATION GÉOLOGIQUE	TEMPÉRATURE	DÉBIT À LA SECONDE	ANALYSE NOM DE L'AUTEUR	ANALYSE DÉTAIL	OBSERVATIONS
					Litres			
	3° VARIÉTÉ NON DÉTERMINÉE							
8	Source sulfureuse froide de Aïn-Baroud.	A 4 kilom. O. de Mouzaïa-les-Mines. Commune de Médéah	»	18°	0l 025	»	»	
9	Source sulfureuse froide de l'Oued-Tamiser.	A 26 kilom. S.-E. de Blida.	»	18°	faible	»	»	
	III. — EAUX FERRUGINEUSES							
	1° VARIÉTÉ CARBONATÉE							
1	Source ferrugineuse de la Fontaine-des-Cèdres.	A 3 kilom. O. de Téniet-el-Haâd. Commune de Téniet-el-Haâd.	Helvétien.	»	»	Vatonne.	Soude.................... 0.02310 Chaux.................... 0.01400 Peroxyde de fer .... 0.15000 Acide chlorhydrique....... 0.02035 — sulfurique.......... 0.02750 — phosphorique........ Indéterm. 0.09995	
2	Source acidule et ferrugineuse de Aïn-Hammama.	A 3 kilom. N.-E. de Milianah.	Gault.	29°	0l 42	»	»	
3	Source acidule et ferrugineuse de Hammam-R'ira (Aïn-Hamza).	A 1,500 mèt. Est de l'établissement thermal de Hammam-R'ira.	Helvétien.	20°5	0l 02	De Marigny.	Potasse .... 0.0510 Soude.................... 0.1714 Chaux.................... 0.6585 Magnésie.................. 0.9953 Peroxyde de fer........... 0.0060 Acide chlorhydrique....... 0.1932 — sulfurique .... 0.5877 — carbonique (neutre).. 0.3253 — silicique........... 0.0020 2.0904	Très utilisée en boisson à l'établissement thermal voisin. Voir pour les autres sources de Hammam-R'ira, Eaux salines n° 5.

NUMÉROS D'ORDRE	NOMS DES SOURCES	SITUATION GÉOGRAPHIQUE	SITUATION GÉOLOGIQUE	TEMPÉRATURE	DÉBIT A LA SECONDE	ANALYSE NOM DE L'AUTEUR	ANALYSE DÉTAIL	OBSERVATIONS
					Litres			
4	Source acidule et ferrugineuse de Mouzaïa-les-Mines. (Aïn-Garza).	A 2 kilom. N.-E. de Mouzaïa-les-Mines. Commune de Médéa.	Cénomanien.	de 16° à 21°	0l 040	De Marigny.	Soude.... 0.63144 Chaux.... 0.17476 Magnésie.... 0.08280 Alumine.... 0.00600 Peroxyde de fer.... 0.01000 Acide chlorhydrique.... 0.03920 — sulfurique.... 0.44330 — carbonique (neutre).. 0.40776 — silicique.... 0.02600 1.82126	
5	Source ferrugineuse du Haouch-Roumily.	A 3 kilom. N.-O. de Boufarik. Commune de Boufarik.	Quaternaire.	21°	0l 10	Tingry.	Soude.... 0.02268 Chaux.... 0.08625 Magnésie.... 0.07854 Fer et alumine.... 0.01600 Silice.... 0.02600 Acide carbonique combiné. 0 08540 — sulfurique.... 0.11269 — chrorhydriqnn.... 0.03504 0.46260	
6	Source ferrugineuse d'El-Achour.	A 8 kilom. S.-O. d'Alger. Commune d'El-Achour.	Miocène sahélien.	18°	0l 20	De Marigny.	Acide carbonique libre.... 0.1969 Potasse.... 0.1543 Soude.... 0.5331 Chaux.... 0.4956 Magnésie.... 0.1133 Peroxyde de fer.... 0 0210 Acide chlorhydrique.... 1.1621 — sulfurique.... 0.1855 — carboniquo (neutre).. 0.1583 — silicique.... 0.0080 2.8312	Utilisée comme boisson.

NUMÉROS D'ORDRE	NOMS DES SOURCES	SITUATION		TEMPÉRATURE	DÉBIT A LA SECONDE	ANALYSE		OBSERVATIONS
		GÉOGRAPHIQUE	GÉOLOGIQUE		Litres	NOM DE L'AUTEUR	DÉTAIL	
7	Eau minérale alcaline et ferrugineuse du Frais-Vallon (Caldumbide).	Au Frais-Vallon, environs d'Alger.	Terrain cristallophyllien.	18° à 19°	0l 10	Vatonne.	Acide carbonique libre...... 0.1971 Soude...................... 0.2253 Chaux .... 0.2518 Magnésie................... 0.0989 Peroxyde de fer............ 0.0010 Acide chlorhydrique........ 0.2300 — sulfurique .... 0.2804 — phosphorique .... 0.0041 — carbonique (neutre)... 0.1609 — silicique 0.0345 1.4840	Utilisée comme boisson hygiénique.
8	Aïoun-Sekhakhna. (Bouzaréa).	Frais-Vallon, environs d'Alger.	Terrain cristallophyllien.	17° à 19°	0l 18	Millon.	Acide carbonique libre...... indéterm. Soude...................... 0.2225 Chaux...................... 0 0749 Magnésie................... 0.0363 Peroxyde de fer............ 0.0040 Acide chlorhydrique........ 0.1954 — sulfurique.......... 0.0257 — carbonique (neutre).. 0 1077 Silice..................... 0.0105 0.6770	Utilisée comme boisson hygiénique.
9	Sources thermales des environs de Djelfa. (Aïn-el-Hammam).	A 1 kilom. N. de Djelfa, comme indigène de Djelfa.......	Terrain cénomanien.	29°	0l 20	Tingry.	Potasse et soude.......... 0.40885 Chaux..................... 0.11310 Magnésie.................. 0.19682 Fer et alumine............ 0.00900 Acide chlorhydrique....... 0.48100 — carbonique combiné. 0.12108 — sulfurique.......... 0.32847 — nitrique............ traces — silicique........... 0.01450 Matières organiques....... traces nomb	

NUMÉROS D'ORDRE	NOMS DES SOURCES	SITUATION GÉOGRAPHIQUE	SITUATION GÉOLOGIQUE	TEMPÉRATURE	DÉBIT A LA SECONDE	ANALYSE NOM DE L'AUTEUR	ANALYSE DÉTAIL	OBSERVATIONS
					Litres			
10	Source alcaline et ferrugineuse de l'Oued Hammam. (Aïn-Tchina).	A 6 kilom. S.-S.-E. du Fonkouck, commune du Fondouck.	Alluvions récentes	26°	0l 20	»	»	
11	Source alcaline et ferrugineuse froide d'Aïn-Bakti.	A 18 kilom. S.-O. de Dellys, commune d'Haussonvillers.	Terrain miocène.	18°	0l 10	De Marigny.	Acides carbonique libre.. .. 1.003 Potasse.................... traces Soude.................... 0.222 Chaux.................... 0.140 Magnésie.................... 0.275 Peroxyde de fer.............. 0.010 Acide chlorhydrique..... ... 0.175 — carbonique combiné... 0.456 Silice 0.040 1.318	
12	Source ferrugineuse froide de Mazer.	A 15 kilom. E. de Dellys, commune mixte de Dellys.	Grès ligurien	18°	3l	De Marigny.	Potasse et soude.......... 0.97650 Silice .... 0.00800 Chaux.................... 0.16000 Magnésie.................. 0.09735 Fer et alumine. .... 0.01200 Acide chlorhydrique....... 0.44800 — carbonique.......... 0.40773 — sulfurique.......... 0.44778 2.45736	
13	Source ferrugineuse de Souk-el-Arba.	Fort-National, commune mixte de Fort-National.	Gneiss	19°	0l 10	De Marigny.	Acide carbonique libre...... 0.0148 Soude.................. . . 0.0541 Chaux.................... 0.0207 Magnésie.................. 0.0175 Peroxyde de fer........... 0.0040 Acide chlorydrique......... 0.0101 — carbonique (neutre)... 0.0664 — sulfurique........... 0.0040 — sili ique............. 0.0080 0.1812	

NUMÉROS D'ORDRE	NOMS DES SOURCES	SITUATION GÉOGRAPHIQUE	SITUATION GÉOLOGIQUE	TEMPÉRATURE	DÉBIT À LA SECONDE	ANALYSE NOM DE L'AUTEUR	ANALYSE DÉTAIL		OBSERVATIONS
					Litres				
14	Source minérale de Hadjar-el-Hammam.	15 k. S.-E. de Fort-National, commune mixte du Djurdjura.	Terrain cristallophyllien	»	»	Vatonne.	Acide carbonique libre..... Soude.................... Chaux.................... Magnésie.................... Peroxyde de fer............. Acide chlorhydrique......... — sulfurique........ .... — carbonique (neutre).. — silicique..............	0 1850 0.0297 0.1677 0.1090 0.0150 0.0762 0.3800 0.0150 0.0200 0.8146	
					2° VARIÉTÉ	INDÉTERMINÉE			
15	Sources ferrugineuses du Café Maure (route de Dellys à Tizi-Ouzou). (Aïn-en-Nehar).	A 10 kilom. S.-E. de Dellys.	Contact du sénonien et du miocène tout à fait inférieur.	18°	0l 030				
					IV. — EAUX	ARSÉNICALES (*Néant*)			
					I. — EAUX	SALINES			
					VARIÉTÉ	CHLORURÉE SODIQUE			
1	Source du Vieux-Ténès.	A 4 kilom. E.-S.-E de Ténès, commune de Ténès.	Miocène cartennien.	30°	0l 05	Vatonne.	Chlorure de sodium........ Sulfate de soude............ Phosphate de chaux........ Carbonate de soude......... — de chaux......... — de magnésie..... Silice gélatineuse libre :.... Oxyde de fer.................	0.8654 0.2534 0.0234 0.1804 0.1990 0.1238 0.0098 traces 1.6552	Utilisée comme bains dans un petit marabout.

NUMÉROS D'ORDRE	NOMS DES SOURCES	SITUATION GÉOGRAPHIQUE	SITUATION GÉOLOGIQUE	TEMPÉRATURE	DÉBIT A LA SECONDE	ANALYSE — NOM DE L'AUTEUR	ANALYSE — DÉTAIL	OBSERVATIONS
					Litres			
2	Sources thermales de l'Ourd Hadjia.	A 36 kilom. O. de Djelfa, commune indigènes de Dj·lfa.	Crétacé inférieur	33°5 à 36°	6l	De Marigny.	Soude .... 0.44690 Chaux .... 0.21280 Magnésie .... 0.09710 Peroxyde de fer .... 0 00500 Acide chlorhydrique .... 0.56340 — sulfurique .... 0.24700 — phosphorique .... traces — carbonique (neutre) .. 0.10485 — silicique 0.01000 1.68705	Utilisée par les indigènes.
3	Sources thermales de Hammam-Melouan :	A 7 kilom. S.-S.-O. de Rovigo, commune de Rovigo.	Terrain cénomanien.					Demandées en concession.
	1° Source du Marabout de Sidi-Sliman.			44°	2l 08	De Marigny.	Acide carbonique libre ..... 0.0825 Chlorure de sodium .... 26.0750 — de magnésium ... 0.1752 Sulfate de chaux .... 2.5759 — de magnésie .... 0.2636 Carbonate de chaux .... 0.3259 — de magnésie ..... 0.0643 Silice .... 0.0250 Peroxyde de fer .... 0.0150 Matières organiques ..... Indéterm. 29.6024	Bains indigènes.
	2° Source de la piscine européenne.			39°3	0l 73	De Marigny.	Acide carbonique libre .... 0.1558 Chlorure de sodium .... 24.0800 — de magnésium ... 0.0442 Sulfate de chaux .... 2.4236 — de magnésie .... 0.4072 Carbonate de chaux .... 0.2079 — de magnésie ... 0.0606 Silice .... 0.0100 Peroxyde de fer .... 0.0100 Matières organiques .... Indéterm. 27.3993	Bains européens.

NUMÉROS D'ORDRE	NOMS DES SOURCES	SITUATION GÉOGRAPHIQUE	SITUATION GÉOLOGIQUE	TEMPÉRATURE	DÉBIT À LA SECONDE	ANALYSE NOM DE L'AUTEUR	ANALYSE DÉTAIL	OBSERVATIONS
					Litres			
	Sources thermales de Hammam-Melouan : *(Suite).*							
	3° Source du Milieu.			39°	0l 40	De Marigny.	Acide carbonique libre..... 0.1121 Chlorure de sodium....... 22.4341 Sulfate de soude.......... 0.5418 — de chaux.......... 1.8389 — de magnésie....... 0.4420 Carbonate de chaux....... 0.2399 — de magnésie.... 0.0242 Silice.................... 0.0200 Peroxyde de fer........... 0.0040 Matières organiques....... Indéterm.	Bains européens.
	4° Sources salées environnantes.			18°	»	De Marigny.	Acide carbonique libre.... 0.0880 Chlorure de sodium....... 24.7500 — de calcium....... 2.1616 — de magnésium... 0.4373 Sulfate de chaux.......... 3.1501 Carbonate de chaux....... 0.1943 — de magnésie... 0.0242 Silice.................... 0.0120 Peroxyde de fer........... 0.0080 Matières organiques....... Indéterm.	Inutilisées.
4	Sources salines froides de l'Oued-Djemâa (rive droite). (Aïn-Melah).	A 5 kilom. S.-S.-E. de l'Arba, commune de l'Arba.		18°	3l 00		Notablement sulfatée sodique.	
				VARIÉTÉ		SULFATÉE CALCIQUE		
5	Sources thermales de Hammam-R'ira :	A 16 kilom. E.-N.-E. de Miliana.	Emergement dans un travertin qu'elles ont déposé sur l'helvétien, ou directement dans l'helvétien.					Etablissement thermal militaire et établissement thermal civil.
	1° Sources A, A' A".			41° à 45°	2l 716	De Marigny.	Source A Acide carbonique libre... 0.1454 Soude..................... 0.2041 Chaux..................... 0.6675 Magnésie.................. 0.0733 Peroxyde de fer........... 0.0080 Acide chlorhydrique....... 0.3559 — sulfurique........... 0.8166 — carbonique (neutre).. 0.0834 — silicique............ 0.0040 2.2188	Alimente l'établissement militaire.

NUMÉROS D'ORDRE	NOMS DES SOURCES	SITUATION		TEMPÉRATURE	DÉBIT A LA SECONDE	ANALYSE		OBSERVATIONS
		GÉOGRAPHIQUE	GÉOLOGIQUE			NOM DE L'AUTEUR	DÉTAIL	
					Litres			
	Sources thermales de Hammam-Rira : (*Suite*)							
	2° Sources 8, 8 bis et 9.			43° à 50°	1l.430			Alimente l'établissemt militaire.
	3° Sources 1 et 1 bis.			45°	2l.170	De Marigny.	Source 1 Acide carbonique libre...... Indéterm. Soude... 0.2045 Chaux... 0.6787 Magnésie... 0.0706 Peroxyde de fer... traces Acide chlorhydrique... 0 3204 — sulfurique... 0.8908 — carbonique (neutre).. 0.0889 — silicique... 0.0080 2.2749	Attribuées à l'établissement civil.
	4° Sources 5 et 5 bis.			67°5	0l 710	De Marigny.	Source 5 Acide carbonique libre...... Indéterm. Soude... 0.3824 Chaux... 0.6306 Magnésie... 0.0762 Peroxyde de fer... 0.0040 Acide chlorhydrique... 0.3496 — sulfurique... 0.8826 — carbonique (neutre).. 0.1483 — silicique... 0.0040 2.4777	Id.
	5° Sources 2, 7, 7 bis, 10 et 19			39° à 47°	4l		Composition semblable aux précédentes.	Id.
	6° Autres sources.			18° à 36°	0l 21		Id.	Inutilisées.

NUMÉROS D'ORDRE	NOMS DES SOURCES	SITUATION GÉOGRAPHIQUE	SITUATION GÉOLOGIQUE	TEMPÉRATURE	DÉBIT A LA SECONDE	ANALYSE NOM DE L'AUTEUR	ANALYSE DÉTAIL	OBSERVATIONS
					Litres			
3° VARIÉTÉ INDÉTERMINÉE								
6	Aïn-Tellat.	4 kilom. N. un peu E. de Palestro, commune mixte de Palestro.	Calcaire nummulitique.	31°	2l 0	»	»	Utilisée par les indigènes : 1° pour le traitement des affections rhumatismales ; 2° en irrigations.
VI. — EAUX THERMALES SIMPLES								
1	Aïn-Keddara sur le haut Chéliff.	A 2 kilom. S.-E. du Ksar Zerguin, commune indigène de Boghar.	Terrain jurassique	26°	60l	Tingry.	Potasse .... 0.19373 Chaux.................... 0.10774 Magnésie.................... 0.04628 Fer et alumine............ 0.00400 Acide chlorhydrique....... 0.21645 — carbonique combiné. 0.10884 — sulfurique........... 0.05884 — nitrique...... ...... 0.05280 — silicique .... traces. 0.78868	Utilisée en irrigations.
2	Aïn-Djerob.	A 4 kilom. N.-N.-E. du Ksar Zerguin, commune indigène de Boghar.	Emergent d'un pointement gypseux.	27°	7l 50	Vatonne.	Soude.................... 0.20220 Chaux.................... 0.11500 Magnésie.................. 0.03370 Acide chlorhydrique....... 0.25790 — sulfurique............ 0.05087 — phosphorique........ Indéterm. — carbonique (neutre). 0.09860 — cilicique .... Indéterm. 0.75827	Id.
3	Source thermale d'Aïn-el-Hammam.	A 28 kilom. N.-E. du caravansérail de Guelt es-Settel, commune indigène de Boghar.	Terrain jurassique	22°	4l 0	Simon.	Acide carbonique libre.... 0.01230 Potasse .... 0.00600 Soude...................... 0.07000 Chaux...................... 0.20337 Magnésie.................. 0.07550 Peroxyde de fer........... 0.01200 Acide chlorhydrique....... 0.10170 — sulfurique............ 0.22700 — carbonique (neutre). 0.10650 — silicique 0.00120 0 80367	Id.

TABLEAU III

CONSTANTINE

NUMÉROS D'ORDRE	NOMS DES SOURCES	SITUATION GÉOGRAPHIQUE	SITUATION GÉOLOGIQUE	TEMPÉRATURE	DÉBIT À LA SECONDE	ANALYSE NOM DE L'AUTEUR	ANALYSE DÉTAIL		OBSERVATIONS
					Litres				
				I. — EAUX ALCALINES					
			1° VARIÉTÉ BICARBONATÉE SODIQUE						
1	Source d'Akbou.	Emerge du plateau d'Akbou, commune mixte d'Akbou.	Terrain jurassique	18°	0l 17	Poncelet.	Matières organiques........ Oxyde de fer............... Acide carbonique combiné . Résidu fixe par litre d'eau.. Silice........................ Acide sulfurique............ Chlore....................... Chaux........................ Magnésie.................... Potassium................... Sodium......................	traces traces 0.305 0.757 0.011 0.089 0.227 0.174 0.0428 traces 0.212	Les indigènes s'en servent comme bains et boisson.
2	Source gazeuse des Beni-Ismaïls.	39 kilom. 6 au Nord 17°50' Ouest de Sétif, commune indigène de Sétif.	Terrain cénomanien.	Froide	Très faible	Sergère.	Acide carbonique libre...... Bicarbonate de soude....... — de chaux....... — de magnésie.... Potasse....................... Acide sulfurique........... Chlorure de sodium......... Silice........................ Peroxyde de fer............	0.080 0.679 1.656 0.355 traces fort. tra. 0.106 0.027 0.007 2.830	
3	Aïn-Hamza (Takitount).	24 kilom. au Nord 4°30' Ouest de Sétif commune mixte de Takitount.	Terrain suessonien.	Froide	0l 05	Sergère.	Acide carbonique libre...... Bicarbonate de soude....... — de chaux....... — de magnésie.... Potasse et lithine........... Sulfate de chaux........... Chlorure de sodium......... Fer et alumine............. Silice........................	0.925 1.317 0.776 0.190 traces 0.032 0.223 0.002 0.012 2.552	Cette eau paraît comparable à l'eau de Vichy, mais plus riche en gaz et plus pauvre en bicarbonates alcalins.

NUMÉROS D'ORDRE	NOMS DES SOURCES	SITUATION GÉOGRAPHIQUE	SITUATION GÉOLOGIQUE	TEMPÉRATURE	DÉBIT A LA SECONDE	ANALYSE — NOM DE L'AUTEUR	ANALYSE — DÉTAIL	OBSERVATIONS
					Litres			
4	Aïn-Sennour.	5 kilom. 8 à l'Ouest 20° 40' Nord de Souk-Ahras. Com. mixte de Souk-Ahras.	Terrain suessonien.	Froide	1l 01	A. Flajolot. B. Arrusat.	A Bicarbonate de soude........ 1.058 Chlorure de sodium.......... 0.490 — de potassium....... 0.038 Bicarbonate de chaux........ 1.780 — de magnésie..... 0.438 Silice .... 0.008 3.812 B M. Arrusat a, en outre, trouvé du bicarbonate de fer en petit quantité	Cette eau est tout à fait analogue à celle de Geilnaut dans le duché de Nassau, ou encore à celle de Bourbon-Larchambault et du Mont-Dore ; comparativement à celle d'Orezza, elle est beaucoup moins ferrugineuse.
	II. — EAUX SULFUREUSES 1° VARIÉTÉ SODIQUE							
1	Hammam-des-Bibans. Nombreux points d'émergence	38 kilom. à l'Ouest 18° 30' Nord de Bordj-bou-Arréridj, commune mixte de Bordj-bou-Arréridj.	Terrain sénonien	81° 70° 56° 35°	19l 73	A. Pharmacien. Hôpital militaire de Sétif. B. Poncelet, manipulateur de chimie au laboratoire de Constantine.	A Bicarbonate de chaux ...... 0.70 Sulfate de magnésie........ 2.17 Chlorure de potassium...... 1.37 — de sodium .... 12.23 Sulfure de sodium... ...... 0 22 Matières organiques........ traces très sensibles Perte...................... 0.04 TOTAL des sels par kilog. 16 80 B Acide carbonique des carbonates neutres .... 0.170 Soufres des sulfures........ 0.0105 Silice .... 0.0200 Chaux....................... 0.075 Acide sulfurique. .... 0.922 Chaux....................... 0.840 Magnésie.................... 0.073 Potassium......... .... 0.723 Sodium .... 5.223 17.0565 A déduire, oxygène de la chaux unie au chlore..... 0.087 16.969 Résidu d'évaporation de 1 lit. 16.970 Perte...................... 0.001	Etablissement indigène qui avait été construit et était entretenu par le Bach-Agha de la Medjana. Très fréquenté des Indigènes. Action supérieure à celle de Barèges. L'analyse B doit être considérée comme ne rendant que très imparfaitement les propriétés sulfureuses de cette source, soit à cause de la manière dont on elle a été puisée, soit à cause d'une altération survenue depuis le puisement.

NUMÉROS D'ORDRE	NOMS DES SOURCES	SITUATION		TEMPÉRATURE	DÉBIT A LA SECONDE	ANALYSE		OBSERVATIONS
		GÉOGRAPHIQUE	GÉOLOGIQUE			NOM DE L'AUTEUR	DÉTAIL	
					Litres			
2	Source de Tifra ou Hammam-Silal.	33 kilom. 4 à l'O. 13° 20' Sud de Bougie, commune mixte de Bougie.	Terrain nummulitique.	85°	faible	Poncelet.	Par litre d'eau Acide carbonique des carbonates neutres.............. 0.183 Acide sulfurique.............. 0.027 Chlore .... 1.065 Chaux...................... 0.314 Magnésie .... 0.054 Potassium .... 0.039 Sodium .... 0.554 Soufre .... 0.001 Oxyde de fer.............. fortes trac. Matières organiques........ traces 2.237 A déduire : oxygène de la magnésie et de la chaux combiné au chlore............ 0.040 2.197 Résidu de l'évaporation...... 2.180 Excès 0.017	Anciens thermes romains réparés depuis l'occupation française.
3	Hammam-Salsin.	5 kilom. 40 à l'Ouest 38° 50' Nord de Biskra, commune indigène de Biskra.	Pliocène lacustre.	45°	50l 0	Vatonne.	Chlorure de sodium ... . 6.7143 Sulfates de soude de chaux et de magnésie .... 2.1774 Carbonates, id.............. 0.3140 Silice libre................ 0.0286 Matières organiques........ indéterm. Total des sels par litre...... 9.234 Acide sulfurique, id......... 0.0045 Acide carbonique, id .... 0.0562 Degré sulphydrométrique... 4°830	Etablissement nouveau construit par une Société. Très fréquenté des Européens et des indigènes.
4	Ain-M'keberta des Amer-Cheraga.	37 kilom. 8 au Sud 48° Est de Constantine, commune mixte d'Ain-M'lila.	Terrain suessonien.	24°	faible	Mœvus.	Soufre par litre........... 0 020 Clorure de sodium........ 0.060 Sulfates de chaux et de magnésie.............. } en assez forte proportion Carbonates de chaux et de magnésie.............. } en faible quantité Poids du résidu par litre . 1.220	Les habitants des douars voisins font usage de cette eau.

NUMÉROS D'ORDRE	NOMS DES SOURCES	SITUATION GÉOGRAPHIQUE	SITUATION GÉOLOGIQUE	TEMPÉRATURE	DÉBIT À LA SECONDE	ANALYSE NOM DE L'AUTEUR	ANALYSE DÉTAIL	OBSERVATIONS
					Litres			
5	Hammam-Meskoutine (nombreux points d'émergence).	14 kilom. à l'Ouest 1° 45' Sud de Guelma, commune de Clausel.	Couches lacustres de Constantine.	78° à 95°	500¹	A. Tripier. B. Rebuffat. C. Mulet.	GAZ DÉGAGÉS (C / A) Acide sulfhydrique .... 8 06 / 0 5 Azote .... 86 10 / 2 5 Acide carbonique .... 325 37 / 97 0 Vapeur d'eau .... 580 57 / » Total: 1.000 00 RÉSIDU FIXE PAR LITRE (A / B) Chlorure de sodium .... 0.44550 / 0.5354 — de magnésium .... 0.41560 / » — de potassium .... 0.07864 / traces — de calcium .... 0.01839 / » Sulfates de chaux .... 0.01085 / 0 2982 — de soude .... 0.38086 / 0 1186 — de magnésie .... 0.17653 / 0 1093 Carbonates de chaux .... 0.00753 / 0 2968 — de magnésie .... 0.25722 / 0 0252 — de strontiane .... 0.04235 / » Arsenic à l'état métallique .... 0.00150 / traces Silice .... 0.00030 / 0.1000 Matière organique .... 0.00700 / 0.0850 Perte .... 0.06000 / 0.0224 Oxyde de fer .... » / » Fluorures .... traces. / » Phosphate de soude .... traces. / » Iode .... » / » TOTAUX .... 1.52007 / 1.5901	Établissement civil et établissement militaire pourvu d'appareils d'inhalation. Bains de vapeur établis sur le point d'émergence même d'une source, de manière à profiter de la chaleur native de l'eau et des gaz qui s'en dégagent. Comme les bains de vapeur sont à la température de 50° à 55°, le malade ne s'y plonge pas entier. La tête est exposée à l'air pendant que le corps subit le contact des émanations gazeuzes. Assez fréquenté avant et après l'été. Pays tout à fait insalubre dans le milieu de l'été. Site très pittoresque. Incrustations et dépôts très variés, parmi lesquels on remarque des concrétions pyryteuses. Il y a une source ferrugineuse. Voir aux eaux ferrugineuses, variété carbonatée n° 5.
6	Hammam-des-Djendell.	16 kilom. à l'Est 24° 30' Nord de Jemmapes, com. mixte de Jemmapes.	Contact des couches lacustres de Constantine et du nummulitique supérieur.	45°	20¹ 0	Arrusat.	Degré hydrotimétrique ... 12 Soufre correspondant par litre .... 0.015276 Acide sulfydrique par litre 0.16224 Sulfure de sodium par litre 0.0372	L'état réel du soufre n'a pas encore été déterminé. La réputation est grande parmi les indigènes, qui y viennent journellement au nombre d'une centaine. On ne l'utilise qu'en bains. Analogues aux Eaux-Bonnes.
7	Hammam-Tassa.	12 kilom. au Sud 56° 25' Est de Souk-Ahras, commune mixte de Souk-Ahras.	Grès miocènes inférieurs.	35°	»	Arrusat.	4° Au sulfydromètre, d'où 0.00541 d'acide sulfydrique par litre ou 0.0124 de sulfure de sodium.	Établissement de bains construit par le Génie. Très fréquenté des indigènes.

NUMÉROS D'ORDRE	NOMS DES SOURCES	SITUATION GÉOGRAPHIQUE	SITUATION GÉOLOGIQUE	TEMPÉRATURE	DÉBIT À LA SECONDE	ANALYSE NOM DE L'AUTEUR	ANALYSE DÉTAIL	OBSERVATIONS
					Litres			
				2° VARIÉTÉ CALCIQUE				
8	Hammam de l'Oued-Ksob.	A 10 kilom. au Nord de M'Sila, commune mixte de M'Sila.	Terrain suessonien.	29°	Très abondant	Poncelet.	Résidu fixe pour 1 litre, 0.655. Acide carbonique des carbonates neutres .... 0.125 Acide sulfurique .... 0.280 Chlore .... 0 138 Soufre .... 0 002 Magnésie .... 0.013 Chaux 0.100 0.658	Très fréquenté des indigènes. L'analyse ci-contre ne rend compte que très imparfaitement des propriétés sulfureuses bien certaines de ces eaux.
9	Aïn-el-Hammam ou Takrebt-el-Guerria.	35 kilom. 6 à l'Ouest 21° 10' Sud de Bougie, commune mixte de Fenaia.	Terrain nummulitique supérieur.	80°	Très abondant	A. L. Dubois, pharmacien. Hôpital militaire de Bougie. B. Poncelet.	A légèrement sulfureuse. B Par litre d'eau. Matières organiques .... traces Acide carbonique des carbonates neutres .... 0.028 Acide sulfurique .... 0.037 Chlore .... 0.017 Chaux .... 0.013 Magnésium .... 0 008 Sodium .... 0.009 0.107 Résidu d'évaporation .... 0.105 Excès des résultats 0.002	Anciens thermes romains réparés depuis l'occupation française.
10	Oued-Haminin	7 kilom. 4 à l'Est de Jemmapes, commune mixte de Jemmapes.	Schistes argileux du terrain phylladien.	35°	»	Poncelet.	Hydrogène sulfuré libre non dosé Résidu fixe par litre Acide carbonique combiné .... 0.061 — sulfurique .... 0.037 Chlore .... 0.106 Chaux .... 0.766 Sodium .... 0.181 Magnésium 0.095 2.426	Voir, pour le même puits, eaux ferrugineuses, variété carbonatée, n° 4, et eaux salines, variété sulfatée calcique, n° 10.

NUMÉROS D'ORDRE	NOMS DES SOURCES	SITUATION GÉOGRAPHIQUE	SITUATION GÉOLOGIQUE	TEMPÉRATURE	DÉBIT À LA SECONDE	ANALYSE NOM DE L'AUTEUR	ANALYSE DÉTAIL	OBSERVATIONS
					Litres			
				3e VARIÉTÉ INDÉTERMINÉE				
11	Hammam de Dalah.	37 kilom. à l'Ouest 25° Sud de Bord-bou-Arrérîdj, commune mixte de Bordj-bou-Arréridj.	Terrain néocomien	35°	Abondant	»	Sulfureuse	Très fréquentée des Indigènes.
12	Hammam-Mansourah ou Azigal.	26 kilom. 4 à l'O. 8° Sud de Bordj-bou-Arréridj, commune mixte de Mansourah.	Nummulitique supérieur.	Très élevée	Très abondant	»	Sulfureuse	Très fréquentée des Indigènes.
13	Aïn-bordj-Boui.	27 kilom. 6 au Nord 49° 30 Ouest de Bordj-bou-Arréridj, commune mixte d'Akbou.	Terrain cénomanien.	14°	4l 11	»	Sulfureuse	Employée en bains par les Indigènes.
14	Hammam du Djebel-Morican.	13 kilom 2 à l'Ouest 23° 30' Nord de Bordj-bou-Arréridj, commune mixte de Bordj-bou-Arréridj.	Nummulitique supérieur.	Tiède	Peu abondant	»	Sulfureuse	Employee par les Indigenes.
15	Aïn-Krebit-Mkartas.	16 kilom. 4 au Sud 48° 28' Ouest de Bordj-bou-Arréridj, commune mixte de M'Silah	Nummulitique supérieur.	Tiède	Peu abondant	»	Sulfureuse	Insuffisante pour les bains; employée seulement comme boisson.
16	Hammam de Kolba.	21 kilom. 2 au Nord 26° Ouest de Bordj-bou-Arréridj, commune mixte de Mansourah.	Terrain cénomanien.	Tiède	Peu abondant	»	Sulfureuse	Insuffisante pour les bains.
17	Aïn-Kébrita-El-Guerrigua.	11 kilom. 6 à l'Ouest 38° Nord de Bordj-bou-Arréridj, commune mixte de Bordj-bou-Arréridj.	Terrain sénonien.	Tiède	Peu abondant	»	Sulfureuse	Employée par les Indigènes pour le blanchissage du lin.

NUMÉROS D'ORDRE	NOMS DES SOURCES	SITUATION GÉOGRAPHIQUE	SITUATION GÉOLOGIQUE	TEMPÉRATURE	DÉBIT À LA SECONDE	ANALYSE — NOM DE L'AUTEUR	ANALYSE — DÉTAIL	OBSERVATIONS
					Litres			
18	Aïn-El-Kébir.	4 kilom. 8 au Sud 23° Est de Bordj-bou-Arréridj, commune de Bordj-bou-Arréridj	Terrain sénonien.	Tiède	Peu abondant	»	Sulfureuse	Employée comme boisson à Bordj-bou-Arréridj.
19	Hammam-bel-Arribi.	55 kilom. 2 au Sud 10°15 Est de Bordj-bou-Arréridj, commune mixte de M'Silah.	Miocène inférieur	34°	Abondant	»	Sulfureuse	
20	Aïn-El-Djrab.	13 kilom. 8 à l'Est 16°30' Sud de Bordj-bou-Arréridj, commune mixte de Bordj-bou-Arréridj.	Nummulitique supérieur.	Tiède	Faible	»	Sulfureuse	Fréquentée par les indigènes.
21	Aïn-Benzeri-Tilmassen.	22 kilom. 4 au Nord 40°55' Ouest de Sétif, commune d'Aïn-Abessa.	Terrain suessonien.	»	»	»	Sulfureuse	C'est plutôt une mare qu'une source.
22	Source sulfureuse du Djebel-Djerzar ou Hammam-Guedjema.	59 kilom. à l'Ouest de Batna, commune mixte des Ouled-Soltan.	Miocène inférieur	38°	»	»	Sulfureuse	
23	Tamersi-El-Guebli.	123 kilom. 5 à l'Est 6°40' Nord de Biskra, commune indigène de Khenchela.	Terrain turonien.	21°5	Considérable	»	Sulfureuse	Après un parcours de quelques centaines de mètres, ces eaux perdent toute odeur et toute saveur, de manière à devenir de bonnes eaux potables.
24	Tamersi-El-Dahrouan	127 kilom. à l'Est 8°40' Nord de Biskra, commune indigène de Khenchela.	Terrain turonien.	21°5	Considérable	»	Sulfureuse	
25	Aïn-M'keberta de El-Goula.	20 kilom. 3 au Sud 36° Est d'El-Arrouch, commune de Condé-Smendou.	Nummulitique supérieur.	Froide	1l 60	»	Forte odeur sulfureuse	

NUMÉROS D'ORDRE	NOMS DES SOURCES	SITUATION GÉOGRAPHIQUE	SITUATION GÉOLOGIQUE	TEMPÉRATURE	DÉBIT À LA SECONDE	ANALYSE NOM DE L'AUTEUR	ANALYSE DÉTAIL	OBSERVATIONS
					Litres			
26	Aïn-M'keberta de Tembouka chez les Sellaouas.	44 kilom. 4 au Sud 69° 5' Est de Constantine, commune mixte de l'Oued-Zenati.	Terrain suessonien.	Froide	Faible	»	Forte odeur sulfureuse	
27	Aïn-Garça.	36 kilom. 4 au Nord 5° Ouest d'Aïn-Beïda, commune mixte de Sedrata.	Terrain miocène.	22°	Très abondant	»	Sulfureuse Devient rapidement potable après le dégagement de son gaz.	Analogue à celle de Tamersi, ci-dessus.
28	Hammam ben-Tahar.	17 kilom. au Sud 32° Est de Guelma, commune mixte de Séfia.	Terrain suessonien.	35°	0l 25	»	Sulfureuse	
29	Hammam-Hasséla.	17 kilom. au Sud 32° Est de Guelma, commune mixte de Séfia.	Terrain suessonien.	35°	1l 0	»	Sulfureuse	
30	Hammam-Ouled-Zeïd.	10 kil. 4 au Nord 31° Est de Souk-Ahras, commune mixte de Séfia.	Calcaire suessonien.	39°	Très abondant	Arrusat.	Incolore. Odeur d'œuf pourri. Degré hydrotimétrique, 66°.	Petit établissement très fréquenté des Indigènes et de la population européenne de Souk-Ahras.
31	Hammam-Ouled-Neçaoud.	47 kilom. 6 au Sud 28°50' Est de Bône, commune mixte de La Calle.	Grès nummulitique supérieur.	45° à 48°	»	»	Sulfureuse.	Fréquentée par les Indigènes,
32	Hammam des Ouchtetas.	26 kil. au Nord 42° Est de Souk-Ahras, commune mixte de La Calle.	Grès nummulitique supérieur.	45°	»	»	Sulfureuses analogues à celles des Ouled-Meçaoud.	
33	Hammam-Anmya ou Sidi-Djaballa-El-Agari.	30 kilom. au Sud 55°45' Ouest de La Calle, commune mixte de La Calle.	Grès nummulitique supérieur	35°	Assez abondante	Arrusat.	0 gr. 8 de résidu par litre; odeur et saveur sulfureuse.	Contiguë à une source ferrugineuse; voir eaux ferrugineures, variété carbonatée, n° 6.
34	Hammam des Ouled-Yaya-bou-Thaleb.	36 kilom. 4 au Sud 30° 50' Est de Souk-Ahras, près de la Smala d'El-Meridj, commune mixte de Morsott.	Terrain néoconien.	58°	10l	»	Sulfureuse	Fréquentée par les Indigènes.

NUMÉROS D'ORDRE	NOMS DES SOURCES	SITUATION GÉOGRAPHIQUE	SITUATION GÉOLOGIQUE	TEMPÉRATURE	DÉBIT A LA SECONDE	ANALYSE NOM DE L'AUTEUR	ANALYSE DÉTAIL	OBSERVATIONS
					Litres			
35	Hammam-Sidi Trad.	34 kilom. au Sud 16° 50' Ouest de La Calle, commune mixte de La Calle.	Grès nummulitique	56° à 48°	1¹ 70	»	Sulfureuse	
36	Hammam-Ouled-Youb.	20 kilom. au Sud 10° Ouest de La Calle, commune mixte de La Calle.	Grès nummulitique	38°	0¹ 5	Arrusat.	Odeur sulfureuse faible, paraissant peu chargée d'éléments minéraux	Employée en bains par les Indigènes.
	III. — EAUX FERRUGINEUSES							
	1° VARIÉTÉ CARBONATÉE							
1	Aïn-Mou-Bou-Gacem.	A 11 kil. de Bougie sur la route d'Akbou commune mixte de Fenaïa.	Sort d'un pointement éruptif.	Froide	Faible	L. Dubois.	28° à l'hydrotimètre Acide carbonique........... 0.025 Sulfate de magnésie........ 0.0902 Chlorure de calcium........ 0.1368 Fer non encore dosé........ en faib. qua.	C'est une eau faiblement ferrugineuse qui dépose très vite son fer et, par conséquent, qui ne pourrait être utilisée que sur place.
2	Madala.	4 kilom. 3 au Sud, 60°30' Ouest de Bougie, commune de Bougie.	Nummulitique supérieur.	18°	0¹ 10	L. Dubois.	Acide carbonique......... 0 004 Matières organiques ...... 0.043 Silice .... 0.016725 Carbonate de chaux...... 0.03571 — de fer......... 0.03562 Alumine .... 0.0573 Sulfate de chaux .... 0.051365 Chlorure de magnésium.. 0 004781 — de sodium ...... 0.093745 — de calcium...... 0.026759 Carbonates de manganèse et phosphates .... traces. 0.365005	L'eau ne se conserve pas et ne pourrait être utilisée que sur place.
3	Stora.	Village de Stora.	Sort des gneiss.	Froide	»	Cotton, pharmacien. Hôpital militaire de Philippeville.	Degré hydrotimétrique ... 22 — Odeur sulfureuse.... Acide carbonique libre.... 0.015 Chlorure de calcium....... 0.0570 — de magnésium.... 0.1360 — de sodium........ 0.2570 Protoxyde de fer carbonaté. 0.1500	Il semble que l'eau doit, en outre, contenir une certaine quantité de sulfate et de matières organiques qui, par leur réaction mutuelle, donnent l'odeur sulfureuse. Deux sources : Ruines romaines.

NUMÉROS D'ORDRE	NOMS DES SOURCES	SITUATION		TEMPÉRATURE	DÉBIT A LA SECONDE	ANALYSE		OBSERVATIONS
		GÉOGRAPHIQUE	GÉOLOGIQUE			NOM DE L'AUTEUR	DÉTAIL	
					Litres			
4	Oucd-Hamim'n.	7 kilom. 4 à l'Est 15°5' Ouest de Jemmapes, commune mixte de Jemmapes.	Schistes argileux du terrain phylladien.	35°	»	Poncelet.	Le fer se dépose rapidement et n'a pas été dosé. L'eau séparée de ce dépôt a donné par litre : Acide carbonique combiné... 0.170 — sulfurique .... 1.172 Chlore .... 0.097 Chaux....................... 0.741 Magnésie.................... 0.176 Sodium 0.178 2.454	Voir, pour le même point, eaux sulfureuses, variété calcique, n° 3, et eaux salines, variété sulfatée calcique, n° 10.
5	Hammam-Meskoutine	14 kilom. à l'Ouest 1°45' Sud de Guélma, commune de Clausel.	Couches lacustres de Constantine.	78°5	1l 10	Fequeux.	Chlorure de sodium .... 0.3504 — de magnésium.... 0.0718 — de potassium..... 0.0406 Sulfate de chaux........... 0.4992 — de soude .... 0.0528 Carbonate de chaux......... 0.1746 — de magnésie...... 0.0237 Silice .... 0.0125 Matière organique et perte.. 0.0382 Oxyde de fer............... 0.0500 Phosphate de soude......... 0.0202 Iode .... traces. 1.2640	Voir aux eaux sulfureuses, variété sodique, n° 5, les autres sources de Hammam-Meskoutine.
6	Hammam-Anmya ou Sidi-Djaballa-El-Agari.	30 kilom. au Sud 55°45 Ouest de La Calle, commune mixte de La Calle.	Grès nummulitique supérieur.	12°	Assez abondant	Mulet. (Ferrugineuse)	Analyse hydrotimétrique Acide carbonique........... 0.0050 Carbonate de chaux .... 0.0515 Chaux des autres sels de chaux....................... 0.0741 Magnésie des sels de magnésie....................... 0.0168 Acide sulfurique des sulfates. 0.0164 Chlore des chlorures........ 0.0292 Quantité notable de matières organiques. Fer .... non dosé	Ces eaux sont très peu minéralisées. On y trouve les restes d'un établissement romain. Elles sont utilisées en bains par les indigènes. Voir, pour le même point, aux eaux sulfureuses, variété indéterminée, n° 23.

NUMÉROS D'ORDRE	NOMS DES SOURCES	SITUATION		TEMPÉRATURE	DÉBIT A LA SECONDE	ANALYSE		OBSERVATIONS
		GÉOGRAPHIQUE	GÉOLOGIQUE			NOM DE L'AUTEUR	DÉTAIL	
					Litres			
				2e VARIÉTÉ	**INDÉTERMINÉE**			
7	Aïn-Tisselent.	5 kilom. 4 à l'Ouest 9° Nord d'Akbou, commune mixte d'Akbou.	Nummulitique supérieur	Froide	2l 0	»	Ferrugineuse	Les indigènes s'en servent comme boisson.
8	Source gazeuse des Fenaïas.	26 kilom. à l'Ouest 17° 50' Sud de Bougie, commune mixte de Fenaïa.	Miocène inférieur	Froide	Peu abondant	»	Ferrugineuse et gazeuse	Trop peu abondante pour qu'il puisse être question de l'employer en bains.
9	Aïn-Kronna.	49 kilom. 6 au Sud 31° 15' Ouest de Sétif, commune mixte de Rirha.	Terrain jurassique.	»	»	»	Ferrugineuse et salée	
10	Source de Afouzer.	16 kilom. 8 à l'Ouest 22° Sud de Djidjelli, commune mixte de Tababort.	Sort d'un massif éruptif.	Froide	Assez abondant	»	Ferrugineuse	Il y a un assez grand nombre de points d'émergence. Utilisée comme boisson.
11	Aïn-Maallah.	37 kilom. à l'Ouest 14° Sud de Milah, commune mixte de Fedj-M'Zala.	Terrain suessonien	»	»	»	Ferrugineuse	
12	Aïn-El-Hadjel, chez les Beni-Guecha.	23 kilom. 6 à l'Ouest 6° 50' Sud de Milah, commune mixte de Fedj-M'Zala.	Terrain cénomanien.	40°	Très faible	»	Salines et ferrugineuses.	Fréquentées par les indigènes. Leur débit a beaucoup diminué à l'époque du tremblement de terre de Djidjelli.
13	Aïn-Sidi-El-Kramis, chez les Beni-Guecha.	21 kilom. 6 à l'Ouest 50° Sud de Milah, commune mixte de Fedj-M'Zala.	Terrain cénomanien.	40°	Très faible	»		
14	Mjez-Tobbet.	38 kilom. 4 à l'Ouest 28° Nord de Constantine, commune de Milah.	Terrain cénomanien.	»	Suintements peu abondants	»	Saline et ferrugineuse	

NUMÉROS D'ORDRE	NOMS DES SOURCES	SITUATION GÉOGRAPHIQUE	SITUATION GÉOLOGIQUE	TEMPÉRATURE	DÉBIT A LA SECONDE	ANALYSE NOM DE L'AUTEUR	ANALYSE DÉTAIL	OBSERVATIONS
					Litres			
15	Sources ferrugineuses de Ayata.	3 kilom. 8 au Nord 4° Est de Smendou, commune de Condé-Smendou.	Nummulitique supérieur.	Froide	Assez abondant	»	Ferrugineuses	L'une de ces sources, qui ne donne malheureusement que quelques litres à l'heure, est à la fois ferrugineuse et gazeuse.
16	Ain-Siévers.	24 kilom. 8 au Sud 16° 30' Est de Constantine, commune des Ouled-Rahmoun	Terrain suessonien.	Froide	»	»	Gazeuse ou acidule et ferrugineuse	
17	Damrémont.	Tout près du villlage de même nom, près de Philippeville, commune de Philippeville	Sort des alluvions du Saf-Saf.	»	»	»	Ferrugineuse	
18	Ain-Zohma.	30 kilom. 8 à l'Ouest 6° 15' de Guelma, commune mixte de l'Oued-Zenati.	Grès du terrain nummulitique supérieur.	Froide	0l 05	»	Ferrugineuse	
19	Hammam-Guergour.	3 kilom. 2 à l'Ouest 25° 30' Sud de la Smala du Tarf, commune mixte de La Calle.	Grès nummulitique.	25°	0l 20	Arrusat.	Ferrugineuse	Employée comme boisson par les indigènes.
20	Hammam-El-Haltaf.	2 kilom. 6 à l'Est 24° Nord de la Smala du Tarf, commune mixte de La Calle.	Grès nummulitique.	19°	0l 10	Arrusat.	Ferrugineuse	Employée comme boisson par les indigènes.
21	Hammam-Sidi-Ali-ben-Adjena ou Ain-Kef-El-Hammam.	12 kilom. 6 à l'Est 42° Sud de La Calle, commune mixte de La Calle.	Grès nummulitique supérieur	36°	1l 0	Arrusat.	Degré hydrotimétrique, 23°. Saveur aigrelette et atramentaire. Dépôt ocreux	

IV. — EAUX ARSÉNICALES (*Néant*)

NUMÉROS D'ORDRE	NOMS DES SOURCES	SITUATION		TEMPÉRATURE	DÉBIT A LA SECONDE	ANALYSE		OBSERVATIONS
		GÉOGRAPHIQUE	GÉOLOGIQUE			NOM DE L'AUTEUR	DÉTAIL	
					Litres			
				V. — EAUX SALINES				
				1° VARIÉTÉ CHLORURÉE SODIQUE				
1	Hammam - Beïnen. Nombreux points d'émergence.	19 kilom. 6 au Nord 9° 30' Ouest de Bordj-bou-Arréridj, commune mixte de Mansourah.	Terrain sénonien.	35° à 50°	Très abondant	»	Eaux salines	Piscine fréquentée par les Indigènes.
2	Hammam du Bou-Sellam.	20 kilom. au Sud 47° 40' Ouest de Sétif, commune mixte de Rirha.	Couches lacustres de Constantine.	41°5 à 49°5	Très abondant	Roucher (1859).	Sulfate de soude .... 0.306 Sulfate de chaux .... 0.384 Bicarbonate de chaux .... 0.144 Carbonate de soude.......... 0.019 Chlorure de sodium.......... 0.434 — de calcium......... 0.029 — de magnésium ..... 0.027 — de silice........... 0.060 Matières organiques et oxyde de fer .... 0.046 Pertes 0.014 0.433	Fréquentée par des Indigènes. D'après leur composition, on peut dire que ce sont des eaux sulfatées faibles, à haute thermalité, recommandable pour les névroses et les rhumatismes.
3	Hammam-Ouled-Séfian ou Hammam-Bou-Taleb.	72 kil. 600 à l'Ouest 12° 30' Nord de Batna, commune mixte de Rirha.	Terrain jurassique.	53°	20[l]	A. P. Leize. B. Poncelet.	A Résidu de l'évaporation par litre .... 3.4 Degré hydrotimétrique .... 75 Quantité abondante de sulfate de magnésie, de sulfate de chaux et de sel gemme. B Résidu d'évaporation de 1 litre. 3.8 L'eau sent assez fortement l'hydrogène sulfuré. Hydrogène sulfuré libre.... 0.0037 Acide carbonique des carbonates neutres... .... 0.178 Chlore .... 1.240 Acide sulfurique .... 0.866 Chaux .... 0.732 Magnésie............. ..... 0.056 Sodium .... 0.738 Soufre des sulfures 0.008, doit résulter de la réduction des sulfates par les matières organiques.	Piscine construite par le Génie, fréquentée par les Indigènes.

NUMÉROS D'ORDRE	NOMS DES SOURCES	SITUATION		TEMPÉRATURE	DÉBIT À LA SECONDE	ANALYSE		OBSERVATIONS
		GÉOGRAPHIQUE	GÉOLOGIQUE			NOM DE L'AUTEUR	DÉTAIL	
					Litres			
4	Source de Biskra.	5 kilom. 400 au Nord 13° 15' Est de Biskra, commune indigène de Biskra.	Couches pliocène-lacustres.	29° 33°	300l	Va'onne.	Chlorure de sodium .... 1.1683 Sulfates de soude, de chaux et de magnésie... .... 0.7827 Carbonates de chaux et magnésie.................... 0.1790 Silice gélatineuse........... 0.0310 Matières organiques .... indéterm. 2.1610	C'est l'eau qui alimente l'oasis de Biskra.
5	Ras-El-Aioum.	4 kilom. 300 à l'Est 1° 30' Nord de Biskra, commune indigène de Biskra.	Couches lacustres à cardium edule.	26°5	6 sources dont une seule donne 10 litres	Ville.	Chlorure de sodium et de potassium................ 1.5181 Sulfates de soude, de chaux et de magnésie .... 1.1720 Carbonates de chaux et de magnésie................ 0.1990 Phosphates terreux, oxyde de fer et silice.............. 0.0400 Matières organiques........ indéterm. 2.9292	
6	Ain-Chetma.	Dans l'Oasis de Chetma, 8 kil. à l'Est 1° 30' Nord de Biskra commune indigène de Biskra.	Couches pliocènes lacustres du Nord de Biskra.	33° 3/4	76l	De Marigny.	Chlorure de sodium ... . 1.3449 Sulfates de chaux et de magnésie.................... 0.9349 Carbonates, id............. 0.1420 Ozyde de fer et silice....... Matières organiques........ Indéterm. 2.4358	Ce sont les sources qui alimente l'oasis de Biskra.
7	Ain-Soukna.	39 kilom. 856 à l'Est 33' Sud de Sétif, commune mixte des Eulmas.	Couches lacustres de Constantine.	Très chaude	Très abondant	Poncelet.	Résidu de l'évaporation par litre...................... 1.885 Hydrogène sulfuré libre...... traces Acide carbonique des carbonates neutres.............. 0.075 Acide sulfurique............. 0.282 Chlore...................... 0.833 Magnésie .... 0.095 Chaux .... 0.292 Sodium...................... 0.246 1.923 1.885 0.038 La différence 0.038 représente l'oxygène compté avec la magnésie.	

NUMÉROS D'ORDRE	NOMS DES SOURCES	SITUATION GÉOGRAPHIQUE	SITUATION GÉOLOGIQUE	TEMPÉRATURE	DÉBIT À LA SECONDE	ANALYSE NOM DE L'AUTEUR	ANALYSE DÉTAIL		OBSERVATIONS
					Litres				
8	Hammam de Bordj-bou-Akas ou Hammam-ben-Achour.	32 kil. 200 à l'Ouest 2° 40' Sud de Milah, commune mixte de Fedj-M'Zala.	Terrain suessonien.	34° à 35°	1l	»	Acide carbonique des carbonates neutres......... Acide sulfurique.......... Chlore.......... Chaux.......... Magnésium.......... Sodium..........	0.107 0.251 1.081 0.312 0.648 0.673 2.472	Trois points d'émergence principaux. Anciens thermes romains. Très fréquentée des indigènes.
9	Aïn-Radjeradja.	11 kil. 800 à l'Ouest 14° 30' Sud de Milah, commune de Zeraïa.	Terrain miocène.	Froide	0l 2	»	14 1/2 0/0 de sels divers		Exploitation européenne par évaporation dans des bassins à l'air libre.
10	Hammam des Beni-Aaroun.	38 kil. 800 au Nord 47° 50' Ouest de Constantine, commune d'El-Milia.	Terrain néocomien.	43°	Très abondant	Poncelet.	Acide carbonique libre...... — combiné... Résidu fixe par litre....... Silice.......... Chlore.......... Acide sulfurique.......... Chaux.......... Magnésie.......... Potassium.......... Sodium..........	0.012 0.042 3.743 0.005 1.840 0.564 0.268 0.050 0.092 0.916 3.735	Très fréquentée des indigènes. Doit être rangée dans les chlorurées salines.
11	Aïn-Ksar ou Aïn-Oum-El-Asnam.	22 kilom. au Nord 40° 40' Est de Batna, commune mixte d'El-Ksar.	Terrain jurassique.	22°	15 à 20l	Vatonne.	Chlorure de sodium........ Sulfate de soude, chaux et magnésie.......... Carbonate de chaux.......... Silice et oxyde de fer....... Matières organiques........	0.3966 0.3050 0.2210 0.0145 indéterm. 0.9371	
12	Source du Bourbier.	22 kilom. au Sud 53° Ouest de Constantine commune d'Aïn-Smara.	Terrain suessonien.	22°	»	J.-B. Duplat, pharmacien en chef. Hôpital de Constantine.	Sulfate de chaux / — de soude / — de magnésie.......... Carbonates et bicarbonates { de magnésie / de chaux.......... Chlorures de { sodium / calcium / magnésium.......... Silice.......... Matières organiques..........	0.35 0.30 1.30 0.15 0.05 2.15	

NUMÉROS D'ORDRE	NOMS DES SOURCES	SITUATION GÉOGRAPHIQUE	SITUATION GÉOLOGIQUE	TEMPÉRATURE	DÉBIT À LA SECONDE	ANALYSE NOM DE L'AUTEUR	ANALYSE DÉTAIL			OBSERVATIONS
					Litres					
13	Salah-Bey.	4 kil. à l'Ouest-Nord de Constantine, commune de Constantine	Couches lacustres de Constantine.	28°	40[l]	Simon.	Chlorures de sodium et de magnésium............. Nitrate de soude........... Sulfate de chaux et de magnésie..................... Carbonates id............. Oxyde de fer............... Silice libre................. Matières organiques........	0.2305 0.0390 0.1494 0.2500 0.0050 0.0100 Indéterm. 0.6839		
14	Sources du Hamma.	6 kil. 400 au Nord 5° 50' Ouest de Constantine, commune du Hamma.	»	33°	600[l]	De Marigny.	Chlorures de sodium et de magnésium .... Nitrate de soude........... Sulfate de chaux et de magnésie .... Carbonates id........ Oxyde de fer .... Silice libre .... Matières organiques........	0.2022 0.0604 0.1621 0.1790 0.0200 0.0200 Indéterm. 0.6437		
15	Sidi-Rached.	A la pointe Sud du Rocher de Constantine.	Terrain cénomanien.	28°	4[l] 0	Ville.	Chlorures alcalins et alcalino-terreux.................. Sulfates alcalino-terreux.... Carbonates id............... Oxyde de fer. .... Silice libre.................	0.2442 0.1667 0.5255 0.0020 0.0080 0.7464		Bassins de construction récente, bains assez fréquentés.
16	Sidi-Mimoun. (Trois points d'émergence).	A l'aval des Gorges de Constantine.	Terrain cénomanien.	29°	2 à 3[l]	De Marigny. (Source supérieure). Ville. (Source inférieure de la rive gauche).	Chlorures alcalins et alcalino-terreux..................... Sulfates id..................... Carbonates alcalino-terreux ... Oxyde de fer .... Silice libre et silicate de soude Matières organiques..........	Source supérieure 0.2215 0.1750 0.2890 0.0100 0.0560 Indét. 0.7515	Source inférie. 0.2782 0.1823 0.3114 0.0050 0.0100 Indét. 0.7869	

NUMÉROS D'ORDRE	NOMS DES SOURCES	SITUATION — GÉOGRAPHIQUE	SITUATION — GÉOLOGIQUE	TEMPÉRATURE	DÉBIT À LA SECONDE	ANALYSE — NOM DE L'AUTEUR	ANALYSE — DÉTAIL	OBSERVATIONS
					Litres			
17	Sidi-M'cid ou Ain-Raba (plusieurs points d'émergence).	Face Nord du Rocher de Constantine. Environ 400 mètres à l'Est des précédentes.	Terrain cénomanien.	30° à 35°	90l	Ville.	Chlorure de sodium........ 0.2015 Sulfates de soude et de chaux 0.1600 Carbonates de chaux et de magnésie................ 0.2900 Silice libre................. 0.0100 Matières organiques........ Indéterm. 0.6615	Etablissement civil très fréquenté des habitants de Constantine.
18	Ain-bou-Merzoug.	27 kil. 600 au Sud 12° Est de Constantine, commune des Ouled-Rhamoun.	Terrain néocomien.	23° 3/4	500l à 550l	De Marigny.	Chlorures de sodium et de magnésium .... 0.3598 Sulfates de chaux et de magnésie .... 0.1413 Carbonates id... .... 0.2620 Oxyde de fer.............. 0.0060 Silice gélatineuse........... 0.0180 Matière organique.......... Indéter. 0.7871	
19	Source salée de Ayata.	4 kilom. au Nord 6° 30' Ouest de Smendou, commune de Smendou.	Grès nummulitiques supérieurs.	Froide	2 sources Débit très faible	Poncelet.	Acide carbonique des carbonates neutres............ 0.053 Acide sulfurique....... .... 0.115 Chlore..................... 13.000 Chaux...................... 0.168 Magnésium.................. 0.114 Potassium.................. 2.728 Sodium..................... 4.238 Total.............. 20.416 Résidu pour 1 litre......... 20.420 Perte............... 0.004	Jusqu'à présent ces sources n'ont pas été utilisées, sans doute à cause de leur faible débit. Les Indigènes prétendent que la plus orientale des deux dérive d'une galerie actuellement éboulée, par laquelle on extrayait autrefois du sel. Ces eaux sont remarquables par leur teneur en potassium.
20	Ain-Kercha.	49 kil. 200 au Sud 12° 15' Est de Constantine.	Couches lacustres.	22°	Considérable		Paraît intermédiaire entre Ain-Fesguia et Ain-bou-Merzoug.	

NUMÉROS D'ORDRE	NOMS DES SOURCES	SITUATION GÉOGRAPHIQUE	SITUATION GÉOLOGIQUE	TEMPÉRATURE	DÉBIT A LA SECONDE	ANALYSE NOM DE L'AUTEUR	ANALYSE DÉTAIL		OBSERVATIONS
					Litres				
21	Hammam des Amamrhas.	4 kilom. à l'Ouest de Khenchela, commune mixte de Khenchela.	Terrain aptien.	64°	10l	Poncelet.	Résidu d'évaporation pour un litre, 1,799. Acide carbonique des carbonates neutres Acide sulfurique Chlore Chaux Magnésie Sodium Potassium Oxyde de fer	 0.034 0.217 0.824 0.195 0.031 0.499 traces traces 1.800 1.799 0.001	Anciens thermes romains qui paraissent avoir été très importants. Très fréquentés des indigènes. Site très pittoresque dans une haute et fraîche vallée de l'Aurès.
22	Hammam-Nbails-Nador.	24 kilom. 6 au Sud 51° Est de Guelma, commune indigène de Souk-Ahras.	Couches lacustres de Constantine. Pitons et dykes dioritiques dans le voisinage.	30° à 49°	2 points d'émergence. 2l	Arrusat.	Degré hydrotimétrique Bicarbonate de chaux Carbonate de chaux Sulfate de chaux Chlorure de calcium — de magnésium — de potassium — de sodium Silice Matières organiques	140° 0.568 0.134 0.153 0.241 0.845 0.196 3.276 0.500 0.280 6.193	Ruines romaines importantes, petit établissement construit par le Génie et très fréquenté des indigènes.
					2e VARIÉTÉ	**SULFATÉE CALCIQUE**			
23	Hammam de l'Oued-Amizour ou Mta-Hammam.	18 kilom. 2 au Sud 48° 10' Ouest de Bougie, commune de l'Oued-Amizour.	Terrain sénonien.	50°	Faible	Poncelet.	Matières organiques Acide carbonique des carbonates neutres Acide sulfurique Chlore Chaux Magnésie Potassium Sodium	fort. traces 0.385 1.451 0.310 0.475 0.055 0.081 0.302 3.059	Piscine fréquentée par les indigènes et même par les Européens du village voisin.

NUMÉROS D'ORDRE	NOMS DES SOURCES	SITUATION GÉOGRAPHIQUE	SITUATION GÉOLOGIQUE	TEMPÉRATURE	DÉBIT A LA SECONDE	ANALYSE NOM DE L'AUTEUR	ANALYSE DÉTAIL	OBSERVATIONS
					Litres			
24	Aïn-Ahmed-ben-Kacem.	46 kilom. au Sud 26° Est de Bordj-bou-Arréridj, commune mixte de M'Sila.	»	13°	3 à 4[l]	De Marigny.	Chlorure de sodium et de magnésium .... 1.6629 Sulfate de chaux et de magnésie .... 4.0652 Carbonate de magnésie ..... 0.4680 Silice et oxyde de fer........ 0.0080 Matières organiques........ Indéterm. 6.2041	Cette eau est essentiellement magnésienne ; n'est pas employée.
25	Hammam-Guergour ou Sidi-el-Djoudi.	33 kil. 800 à l'Ouest 29° Nord de Sétif, commune mixte de Guergour.	Terrain crétacé inférieur.	48°	Très considérable	Poncelet.	Acide carbonique libre...... 0.012 — en bicarbonate 0.142 Résidu de l'évaporation...... 3.251 Silice .... 0.010 Chlore .... 0.484 Acide sulfurique .... 1.624 Chaux .... 0.779 Magnésie .... 0.156 Sodium .... 0.206 Potassium .... » 3.259	Anciens thermes romains encore très fréquentés actuellement.
26	Sources Zaatcha.	Oasis de Zaatcha, commune indigène de Biskra.	Terrain suessonien.	28°	Abondant	»	Analogue à celle de Lichana ci-après.	C'est l'eau qui alimente l'oasis de Zaatcha.
27	Aïn-el-Guelt, à Lichana.	Oasis de Lichana, commune indigène de Biskra.	Terrain suessonien.	19°50	30[l]	De Marigny.	Chlorure de magnésium.... 0.2663 Sulfate de chaux et de magnésie .... 1.6525 Carbonates id. .... 0.1500 Oxyde de fer et silice .... .. 0.0120 Matières organiques .... Indéterm. 2.0808	C'est l'eau qui alimente l'oasis de Lichana.
28	Bou-Chagroun.	Oasis de Bou-Chagroun, commune indigène de Biskra.	Craie moyenne.	25°	50[l]	De Marigny.	Chlorure de magnésium et de potassium .... 0.2272 Sulfates de chaux et de magnésie .... 1.5316 Carbonates id .... 0.1386 Silice gélatineuse .... 0.0085 Matières organiques........ Indéterm. 1.9059	C'est l'eau qui alimente l'oasis de Bou-Chagroun.

NUMÉROS D'ORDRE	NOMS DES SOURCES	SITUATION		TEMPÉRATURE	DÉBIT A LA SECONDE	ANALYSE		OBSERVATIONS
		GÉOGRAPHIQUE	GÉOLOGIQUE			NOM DE L'AUTEUR	DÉTAIL	
					Litres			
29	Ain-Oumach.	12 kilom. à l'Ouest 28° 30' Sud de Biskra, commune indigène de Biskra.	Craie moyenne.	27°	217¹	De Marigny.	Chlorure de sodium........ / — de potassium..... / — de magnésium.... } 0.3749 Sulfates de soude, chaux et magnésie .... 1.5974 Carbonates de chaux et de magnésie .... 0.1520 Silice et oxyde de fer....... 0.004 Matières organiques .... Indéterm. 2.1283	C'est l'eau qui alimente l'importante oasis d'Oumach.
30	Hammam-el-Hadj ou El Kroubzet.	28 kil. 400 au Nord 16° 20' Ouest de Biskra, commune indigène de Biskra.	Terrain miocène inférieur.	40°	Abondant	E. Bertherand. Poncelot.	Salines chlorurées. Matière organique.......... Indéterm. Acide carbonique libre...... Id. Acide sulfydrique .... 0.0142 Résidu fixe par litre : 2g977. Silice .... 0.0230 Chlore .... 0.6150 Iode .... 0.0027 Acide sulfurique .... 0.9680 Chaux .... 0.5490 Magnésie .... 0.1630 Potassium .... 0.0896 Sodium 0 5880 2.9983	Piscine romaine encore fréquentée par les indigènes. L'acide sulfhydrique paraît être un résultat d'altération des sulfates. Une partie de la magnésie peut exister dans l'eau à l'état de magnésium non combiné avec l'oxigène.
31	Hammam-Bou-Allouf.	36 kil. 400 à l'Ouest 4° 30' Nord de Constantine.	Terrain cénomanien.	57°	1¹ 1/2	A. Fournel.	A Carbonate de chaux .... 0.043 — de magnésie ...... 0.130 Sulfate de chaux .... 2.025 — de magnésie .... 0.051 Chlorure de calcium .... 0.033 — de sodium .... 0.333 — de magnésium..... 0.282 Silice en suspension......... 0.012 2.909	Anciens thermes romains, encore très fréquentée des indigènes.

NUMÉROS D'ORDRE	NOMS DES SOURCES	SITUATION GÉOGRAPHIQUE	SITUATION GÉOLOGIQUE	TEMPÉRATURE	DÉBIT A LA SECONDE	ANALYSE NOM DE L'AUTEUR	ANALYSE DÉTAIL	OBSERVATIONS
					Litres			
	Hammam-Bou-Allouf (*Suite*).					B. Poncelet.	B Acide carbonique des carbonates neutres .... 0.030 Acide sulfurique .... 1.387 Chlore .... 0.400 Chaux .... 0.574 Magnésie .... 0.198 Sodium .... 0.362 Potassium .... 0.056 Ensemble .... 3.007 Oxygène combiné à partie de sodium pour former du sulfate de soude .... 0.048 3.055 Résidu d'évaporation .... 3.050 Excédent .... 0.005 Hydrogène sulfuré libre 0.00581	Anciens thermes romains encore très fréquentés des Indigènes.
32	Oued-Hamimin.	7 kilom. 4 à l'Est 5° 15' Ouest de Jemmapes, commune mixte de Jemmapes.	Schistes argileux du terrain phylladien.	35° à 45°	Abondant	Cotton.	Degré hydrotimétrique .... 197° Résidu desséché par litre .... 1.9763 Acide carbonique libre .... 0.0157 Carbonate de chaux .... 0.0515 Chlorure de calcium .... 0.0798 Sulfate de chaux .... 1.6840 Sulfate de magnésie .... 0.1240 Chlorure de magnésie .... 0.0450 Matières organiques .... traces 1.9763	Cette station comporte un assez grand nombre de bouillons, dont l'un est très chargé de fer. Etablissement civil assez fréquenté. Voir, en outre, dans la même station : Eaux sulfureuses, variété calcique, n° 3, et Eaux ferrugineuses, variété carbonatée, n° 4.
33	Hammam de l'Oued-Chenìour et des Achïaich : 1re Source. 2e Source.	26 kil. 600 au Sud 17° 30' Ouest de Guelma, commune mixte de Guelma. A 1 kil. 1/2 environ de la précédente.	»	50° à 60°	1l 1/2	Poncelet.	1re / 2e Acide carbonique des carbonates neutres .... 0.013 / 0.015 Acide sulfurique .... 0.774 / 0.795 Chlore .... 0.200 / 0.193 Chaux .... 0.548 / 0.561 Magnésie .... 0.098 / 0.090 Sodium .... 0.120 / 0.094 Potassium .... traces / » Totaux .... 1.753 / 1.750 Résidu d'évaporation d'un litre .... 1.776 / 1.755 Perte .... 0.023 / 0.005 Cette perte doit porter sur les chlorures alcalins. Ces eaux prennent une odeur sulfureuse lorsqu'elles se décomposent au contact des matières organiques.	Entre les deux groupes comprenant chacun plusieurs points d'émergence s'étend un plateau travertineux qui témoigne de leur communauté d'origine. Très fréquentées des Indigènes, chez lesquels elles ont une grande réputation contre les rhumatismes et la siphylis. Le plateau travertineux dont il a été question ci-dessus ne permet pas de voir d'où peuvent dériver ces sources : d'après l'ensemble de la région, on peut supposer qu'elles se rattachent à un pointement souterrain de couches jurassiques ou de couches néocomiennes.

NUMÉROS D'ORDRE	NOMS DES SOURCES	SITUATION GÉOGRAPHIQUE	SITUATION GÉOLOGIQUE	TEMPÉRATURE	DÉBIT À LA SECONDE	ANALYSE NOM DE L'AUTEUR	ANALYSE D[É]TAIL	OBSERVATIONS
					Litres			
34	Hammam des Ouled-Ali ou des Beni-Foughal.	42 kil. 400 au Nord 10° 15' Ouest de Guelma, commune mixte de Guelma.	Terrain suessonien	55° à 57° même sur un point 70°	Points d'émergence nombreux Eaux très abondantes	Poncelet.	*Analyse des deux principales sources* EL-SENDOUCK et EL-KALAÏA (El-Sendouck / El-Kalaïa) Acide carbonique des carbonates neutres ..... 0.025 / 0 025 Acide sulfurique ..... 0.622 / 0.605 Chlore ..... 0.053 / 0.076 Chaux ..... 0.440 / 0.386 Magnésie ..... 0.042 / 0.076 Sodium ..... 0.026 / 0.028 Potassium ..... 0 014 / 0.035 TOTAUX ..... 1.192 / 1.234 Résidu par litre ..... 1.200 / 1.233 Perte ..... 0 008 / 0.004	Petit établissement construit par le Génie, très fréquenté des indigènes.
				VI. — EAUX		**GAZEUSES**		
				VARIÉTÉ		SIMPLE		
1	Dra el-Kaïd.	31 kilom. 2 au Nord 30° Ouest de Sétif, commune mixte du Guergour.	Terrain suessonien	»	»	»	Eau gazeuse.	Trop peu abondante pour être employée en bains.
2	Dégagement d'acide carbonique de l'O.-Mellegue.	32 kilom. 8 au Sud 42° 20' Est de Souk-Ahras. Limites des communes mixtes de Tébessa et Souk-Ahras.	Subordonnée à des gisements de gypse métamorphique de l'étage néocomien.	»	»	»	»	
				VII. — EAUX		**THERMALES SIMPLES**		
1	Hammam des Ouled-Sidi-Yaya.	A 10 kil. d'Akbou en remontant le cours du Bou-Sellam, commune mixte d'Akbou.	Terrain nummulitique supérieur.	58°	10[1]	Poncelet.	Par litre d'eau Matières organiques ..... traces. Acide carbonique des carbonates neutres ..... 0.023 Acide sulfurique ..... 0.037 Chlore ..... 0.017 Chaux ..... 0.013 Magnésium ..... 0.009 Sodium ..... 0 008 0.107 Résidu d'évaporation ..... 0.105 Excès des résultats 0.002	Anciens thermes romains réparés depuis l'occupation française.

NUMÉROS D'ORDRE	NOMS DES SOURCES	SITUATION GÉOGRAPHIQUE	SITUATION GÉOLOGIQUE	TEMPÉRATURE	DÉBIT A LA SECONDE	ANALYSE NOM DE L'AUTEUR	ANALYSE DÉTAIL	OBSERVATIONS
					Litres			
2	Hammam-Sidi-Ayed.	36 kilom. au Sud 63° 30' Ouest de Bougie, commune mixte d'Akbou.	Terrain miocène inférieur.	50°	Faible	»	»	Non utilisée comme thermes.
3	Ait-El-Hamma.	Tout près de la précédente, commune mixte d'Akbou.	Terrain miocène inférieur.	40°	»	»	»	Employée pour les irrigations.
4	Ain Ta-Hammant.	34 kilom. 8 au Nord 10° 30' Ouest de Bordj-bou-Arréridj, commune mixte de Mansourah.	Terrain cénomanien.	Tiède	Faible	»	Thermale simple.	Fréquentée par les indigènes.
5	Hammam de Taourirt (Ighil-Alik).	38 kilom. 8 au Nord 12° de Bordj-bou-Arréridj, commune mixte de Guergour.	Terrain sénonien.	»	»	»	Thermale simple.	Deux points d'émergence contigus.
6	Djebel Fersane (Eau du marché de Kseur-el-Thir).	33 kilom. 6 au Sud 36° Ouest de Sétif, commune mixte de Rirha.	»	Tiède	Abondant	P. Leize.	Acide carbonique libre..... 0.0125 Carbonate de chaux........ 0.0431 Sulfate de chaux........... 0.0420 — magnésie .... 0.1467 Chlorures de magnésium, sodium et calcium.......... 0.1891 Matières organiques........ traces. 0.4334	Cette eau a été aménagée comme eau potable.
7	Ain-Sfa.	21 kilom. au Nord 45° 15' Ouest de Sétif, com. d'Ain-Abessa.	Terrain cénomanien.	Tiède	Abondant	»	Thermale simple.	Source intermittente.
8	Ain-Sidi-Yousef.	Village de Djergunah, sur la route de Bougie à Sétif, à 48 kilom. de Bougie, commune mixte de l'Oued-Marsa.	Terrain cénomanien.	60°	Considérable	»	Thermale simple.	Elle est trop potable après refroidissement, et son régime est très variable.
9	Source du Magris.	17 kilom. 2 au Nord 22° Ouest de Sétif, com. d'Ain-Abessa.	Terrain nummulitique.	30°	»	»	Thermale simple.	

NUMÉROS D'ORDRE	NOMS DES SOURCES	SITUATION		TEMPÉRATURE	DÉBIT A LA SECONDE	ANALYSE		OBSERVATIONS
		GÉOGRAPHIQUE	GÉOLOGIQUE		Litres	NOM DE L'AUTEUR	DÉTAIL	
10	Aïn-Sefian.	58 kilom. à l'Ouest 11° 30' Sud de Batna, commune mixte des Ouled-Soltan.	Craie moyenne.	24°	120 à 150[l]	»	Thermale simple.	C'est une eau potable.
11	Hammam-des-Ouled-Sliman.	45 kilom. 2 à l'Ouest 6° 30 Nord de Batna: commune mixte des Ouled-Soltan.	Terrain cénomanien.	33°	15[l]	»	Thermale simple.	
12	Ravin-des-Ruines.	6 kilom. Nord 17° 40' Est de Batna, commune de Batna.	Terrain jurassique	33°	Assez abondant	»	Thermale simple.	
13	Hammam-Grous.	39 kilom. 6 à l'Ouest 2° 27' Sud de Constantine, tout près du village de l'Oued-Atménia, commune de l'Oued-Atménia.	Terrain néocomien	38°	Abondant	»	Thermale simple.	On y a installé une petite cabane pour les bains des Européens.
14	Hammam de la pointe Est du Djebel-Leckall.	23 kilom. 2 à l'Ouest 4° 30' Nord de Constantine, commune d'Aïn-Tin.	Terrain néocomien	33°	Très abondant	»	Thermale simple.	Fréquentée des Indigènes pour les maux d'yeux.
15	Hammam des Mouïa.	23 kilom. au Nord 42° 30' Ouest de Constantine, commune mixte d'El-Milia.	Couches lacustres de Constantine.	32°	Très abondant	»	Thermale simple.	Rentrant dans le groupe thermal simple des environs de Constantine.
16	Hammam du Khnègue.	17 kilom. 6 au Nord 44° Ouest de Constantine, près du village d'Aïn-Kerma, commune mixte d'Aïn-Kerma.	Terrain néocomien	30°	Très abondant	»	Thermale simple.	Rentrant dans le groupe thermal simple des environs de Constantine.
17	Hammam des Toumiettes.	10 kilom. 6 au Sud 21° Ouest d'El-Arrouch, commune mixte de Jemmapes.	Calcaires du terrain nummulitique moyen.	28°	10[l]	»	Thermale simple.	Un petit gourbi placé sur la source même sert aux Indigènes des environs qui prennent des bains.

NUMÉROS D'ORDRE	NOMS DES SOURCES	SITUATION GÉOGRAPHIQUE	SITUATION GÉOLOGIQUE	TEMPÉRATURE	DÉBIT À LA SECONDE	ANALYSE NOM DE L'AUTEUR	ANALYSE DÉTAIL	OBSERVATIONS
					Litres			
18	Pointe Est du Chel-liah.	31 kilom. 8 à l'Ouest 11° Sud de Khenchela, commune indigène de Batna.	Terrain aptien.	»	»	»	Thermale simple avec dégagements hydrocarburés.	
19	Hammam de Azebra.	19 kilom. 4 au Sud 44° *Est d'El-Arrouch*, commune mixte de Jemmapes.	Calcaires néocomiens.	27°	Fait marcher un moulin	»	Thermale simple.	Régime très intermittent pendant l'hiver, le débit et la température augmentent considérablement, 27° est un minimum. Entourée de travertins puissants.
20	Aïn-Arko.	42 kilom. 6 au Nord 33° 20' Ouest d'Aïn-Beïda, commune mixte de l'Oued Zenati.	Terrain jurassique	22°	»	»	Thermale simple.	Cette source, autrefois considérable, est presque réduite à zéro depuis plusieurs années.
21	Aïoum El-Kellaïn.	33 kilom. 2 au Sud 20° 15' Ouest d'Aïn-Beïda, commune mixte d'Oum-el-Bouaghi.	»	28°	Très abondant	»	Thermale simple.	Deux points d'émergence. Paraît en rapport avec un pointement souterrain du terrain miocène.
22	Coudiat-El-Aknef.	13 kilom. 6 au Nord 57° 40' Est de Khenchela, commune indigène d'Aïn-Beïda.	»		»	»	Jet de vapeur.	Utilisé par les Indigènes. Sort de l'étage miocène inférieur.
23	Hammam-Berda.	5 kilom. 200 au Nord 17° 45' Est de Guelma, commune d'Héliopolis.	Terrain néocomien	29°	Très abondant	A. Tripier. B. Arrusat.	GAZ DÉGAGÉS — A / B Azote........ 0.86 / » Acide carbonique........ 0.12 / 0.04 Oxygène........ 0.02 / » 1.00 SELS CONTENUS PAR LITRE — A / B Chlorures de sodium........ 0.02155 / » — *magnésium*........ 0.01899 / 0.122 Sulfate de soude........ 0.05254 / » — magnésie........ 0.00733 / » — chaux........ 0.02000 / » Carbonate de chaux........ 0.20000 / 0.082 — magnésie........ 0.03725 / » — strontiane........ traces / » Oxyde de fer........ traces / » Silice........ 0.01000 / » Matière organique azotée........ 0.02000 / » TOTAL........ 0.38766	C'est une eau thermale simple sans propriété spéciale qui, d'après les ruines *qui l'entourent, paraît néanmoins* avoir été utilisée sur une grande échelle par les Romains.

NUMÉROS D'ORDRE	NOMS DES SOURCES	SITUATION		TEMPÉRATURE	DÉBIT A LA SECONDE	ANALYSE		OBSERVATIONS
		GÉOGRAPHIQUE	GÉOLOGIQUE			NOM DE L'AUTEUR	DÉTAIL	
					Litres			
24	Hammam des Mighanas ou Aïn-el-Hadjel.	17 kilom. 6 à l'Ouest 23° 15' Nord de Souk-Ahras, commune indigène de Souk-Ahras.	En relation avec des travertins anciens qui recouvrent les couches lacustres de Constantine.	Tiède	»	»	Thermale simple.	
25	Moulin Deyron.	6 kilom. 3 à l'Ouest 20° 30' Sud de Souk-Ahras, commune indigène de Souk-Ahras.	En relation avec des travertins anciens qui recouvrent les couches suessoniennes.	Tiède	»	»	Thermale simple.	
26	Youks-les-bains.	Au village de ce nom.	Terrain turonien.	35°	Abondant	»	Thermale simple.	Fréquentée par les Européens et les indigènes, petit établissement construit par la commune.

ALGER-MUSTAPHA. — IMPRIMERIE GIRALT
17, rue des Colons, 17

www.ingramcontent.com/pod-product-compliance
Ingram Content Group UK Ltd.
Pitfield, Milton Keynes, MK11 3LW, UK
UKHW020042100726
13658UKWH00003B/1490